Gymnasium Bayern

Deutschbuch

Arbeitsheft

8

Arbeitstechniken
Aufsatztraining
Grammatik
Rechtschreibung
Texte und Medien

Herausgegeben von
Wilhelm Matthiessen (München)
Bernd Schurf (Neuss) und
Wieland Zirbs (Passau)

Erarbeitet von
Christl Ostertag (München),
Annegret Schneider (München) und
Konrad Wieland (Passau)

Cornelsen

Inhalt

☆ *Aufgaben mit erhöhtem Schwierigkeitsgrad*

Du kannst dieses Arbeitsheft auch bei der Freiarbeit verwenden. Mit dem Lösungsheft kannst du deine Lernergebnisse selbst überprüfen.

Eine Mitschrift erstellen

! Mitschriften, auch Notizen genannt, fertigt man an, wenn man Gehörtes, Gelesenes oder Gesehenes behalten oder anderen kurz mitteilen will. Sie können als Vorbereitung für einen längeren Text oder einen Vortrag dienen. Mitschriften sollen **stichwortartig**, **übersichtlich geordnet** und **sauber geschrieben** sein.

Berufserkundung – Textile Welten

Im Rahmen einer Projektwoche „Berufserkundungen" besuchen Schülerinnen und Schüler der achten Klassen ein bekanntes Textilunternehmen. Sie bringen dort Interessantes in Erfahrung und machen sich dazu Notizen, um abschließend eine kurze Präsentation für ihre Klasse vorbereiten zu können. Johannes und Sarah führen ein Interview mit der Textilingenieurin Celia Malzkorn – ein Auszug ist hier im Wortlaut wiedergegeben:

CM: „Die meisten Menschen denken, Textiltechnik hat etwas mit Kleidung zu tun. Aber das ist nur ein Bereich unter vielen. Textilien sind z. B. in fast allen technischen Bereichen anzutreffen, etwa im automobilen Sektor."
Frage: „Stimmt, mir fallen die Sitzbezüge ein. Was macht denn ein Textilingenieur so?"
CM: „Neben der Innenausstattung sind im Auto auch Filter zu finden. Im medizinischen Bereich setzt man Verbandsmaterial und künstliche Arterien aus Textilfasern ein. All diese Materialien werden von Textilingenieuren speziell entwickelt. Jeder Verwendungsbereich hat andere Anforderungen."
Frage: „Was genau ist denn jetzt Textiltechnik?"
CM: „Sie umfasst Produktionsstufen wie z. B. Garnherstellung oder -verarbeitung und Textilveredelung."
Frage: „Gibt es denn verschiedene Möglichkeiten, Garn zu verarbeiten? Mir fällt jetzt nur Stricken ein."
CM: „Zur Garnverarbeitung gehören auch die Vliesstoffherstellung, das Weben und Wirken. Textilingenieure planen, organisieren, überwachen und kontrollieren die verschiedenen Produktionsabläufe."
Frage: „Können Sie auch neue Stoffe entwickeln, oder macht das jemand anderes?"
CM: „Das machen schon auch wir. Wir entwickeln neue Verfahren oder optimieren vorhandene. Wir müssen die neuen Materialien und Produkte beurteilen und prüfen."
Frage: „Können Sie noch mehr Beispiele für die Anwendungsbereiche von Textiltechnik nennen?"
CM: „Technische Textilien z. B. finden Einsatz in Wasserbetten, Luftfahrzeugen und Partyzelten."
Frage: „Gefällt Ihnen Ihr Beruf?"
CM: „Oh, ja! Der Beruf ist sehr fassettenreich. Es gibt viele interessante Möglichkeiten, sich auf dem Arbeitsmarkt zu orientieren. Man ist nicht von vornherein festgelegt."

1 *Das oben abgedruckte Gespräch enthält Informationen über den Beruf des Textilingenieurs.*
a) Lies das Gespräch genau und markiere wichtige Stichworte im Text, die auf die folgenden Fragen antworten:
Was macht ein/e Textilingenieur/-in?
Wo kann man als Textilingenieur/-in arbeiten?
Was ist gut an diesem Beruf?
b) Ordne nun die Stichwörter den unten stehenden Oberbegriffen zu.

Berufsbild (Was macht ein/-e Textilingenieur/-in?)

____

____

____

Einsatzmöglichkeiten (Wo kann man arbeiten?)

____

Vorteile (Was ist gut an diesem Beruf?)

____

Johannes und Sarah nehmen an einer betriebseigenen Unterrichtsstunde für die Auszubildenden teil, die den Beruf „Produktionsmechaniker und Produktveredler Textil“ erlernen. Eine der Auszubildenden hält heute ein Kurzreferat:

Stoffkunde

Baumwolle ist ein Malvengewächs und gehört zu den ältesten Kulturpflanzen der Menschheit. Die atmungsaktive Pflanzenfaser kann bis zu 24 % ihres Eigengewichts an Feuchtigkeit aufnehmen, ohne sich feucht anzufühlen. Baumwolle ist eine besonders reißfeste und strapazierfähige Faser. Sie ist sehr hautfreundlich und lässt sich leicht pflegen. Baumwolle kann von Natur aus verschiedene Farben haben. Leinen ist eine genügsame Bastfaser, die seit Jahrtausenden zur Herstellung matt glänzender edler bis rustikaler Kleidungsstücke verwendet wird. Leinen wirkt kühlend und ist atmungsaktiv, schmutzunempfindlich und langlebig. Typisch für Leinen ist die Knitterneigung der Stoffe. Neben diesen Pflanzenfasern gibt es auch tierische Fasern, z. B. Seide. Bouretteseide wird aus Maulbeerseide gewonnen. Kürzere Fäden werden zu einem unregelmäßigen, leicht noppigen Garn versponnen. Dieses verleiht den Stoffen die typische Optik. Der Seidenfaden des Maulbeerspinners, der vor allem in China lebt, glänzt edel und ist unendlich fein. Er wird zu leichten und glänzenden Stoffen verarbeitet. Im Sommer kühlt Maulbeerseide die Haut, im Winter wirkt sie temperaturausgleichend. Polyester gehört zu den synthetischen Chemiefasern. Den Hauptrohstoff zur Herstellung der Fasern liefert Erdöl. Wenig umweltverträglich bei der Polyesterherstellung ist das Schwermetall Antimon, welches als Reaktionsbeschleuniger eingesetzt wird. Antimonrückstände lassen sich auch auf dem fertigen Bekleidungstextil finden. Das giftige Spurenelement kann Haut und Schleimhäute reizen. Die Knitteranfälligkeit bei Polyester ist durch die relativ hohe Dehnung gering. Im Gegensatz zur Baumwolle und Wolle ist die Feuchtigkeitsaufnahme bei Polyester sehr gering. Polyesterfasern besitzen eine hohe elektrostatische Aufladung und neigen aus diesem Grunde zu starkem Anschmutzen. Ihre Zugfestigkeit ist jedoch sehr hoch, aus diesem Grund werden sie häufig für technische Textilien verwendet. Viskose ist eine Chemiefaser aus natürlichen Polymeren. Das bedeutet, dass man den Ausgangsstoff für die Herstellung der Chemiefaser, die Zellulose, in der Natur findet. Bei der Herstellung von Viskose ist der Einsatz von Natronlauge, Schwefelkohlenstoff und anderen Chemikalien notwendig. Im Vergleich zur Baumwolle weist die Viskose eine sehr viel geringere Scheuerfestigkeit auf. Auch die Zugfestigkeit im nassen Zustand ist geringer, daher ist sie nicht geeignet für Bekleidung, die häufig gewaschen werden muss. Genau wie Baumwolle besitzt auch die Viskose eine starke Knitteranfälligkeit.

2 *Sarah will die wichtigsten Informationen des Referats in einer Mitschrift festhalten.*
- a) *Lies das oben abgedruckte Referat, unterstreiche dir unbekannte Begriffe mit einem Bleistift und schlage deren Bedeutung nach.*
- b) *Im Text werden fünf verschiedene Stoffe vorgestellt. Markiere in fünf verschiedenen Farben Informationen zur Baumwolle, zum Leinen, zur Seide, zu Polyester und zur Viskose.*
- c) *Übertrage die folgende Tabelle in dein Heft und ordne die markierten Informationen in die entsprechende Spalte ein.*

Stoff	Herkunft/Herstellung	Eigenschaften
Baumwolle		

Die Qualität eines Produktes muss Kunden erklärt werden, damit sie es kaufen. Die Marketing-Abteilung des Unternehmens hat einen anschaulichen Handschuh-Test vorbereitet, um die besonderen Eigenschaften von GORE-TEX Produkten zu zeigen:

3 *a) Lies die folgende Versuchsbeschreibung genau und betrachte die Abbildungen.*

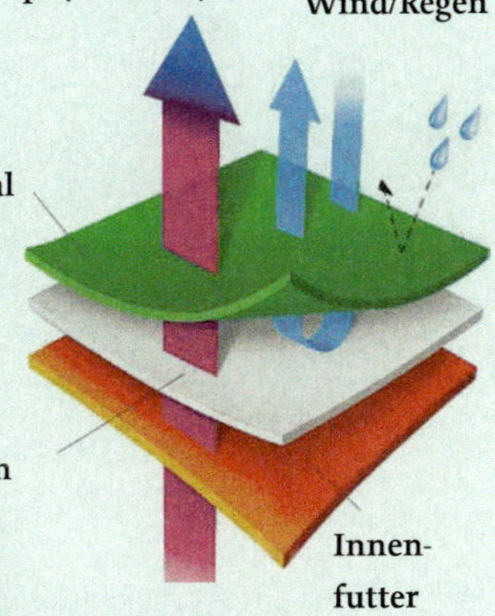

Der Handschuhtest

Trägt ein Kleidungsstück die Marke GORE-TEX, dann ist in das Kleidungsstück eine wind- und wasserundurchlässige, aber atmungsaktive Membran eingearbeitet.

Die Struktur dieser GORE-TEX Membran besteht aus miteinander verbundenen Knoten (C), die zahllose Poren (B) bilden. Diese Poren sind etwa 20 000-mal kleiner als ein Wassertropfen (A); deshalb kann Wasser nicht eindringen. Gleichzeitig jedoch sind diese Poren ca. 700-mal größer als ein Wasserdampfmolekül (D); deshalb kann Wasserdampf (Schweiß) problemlos entweichen.

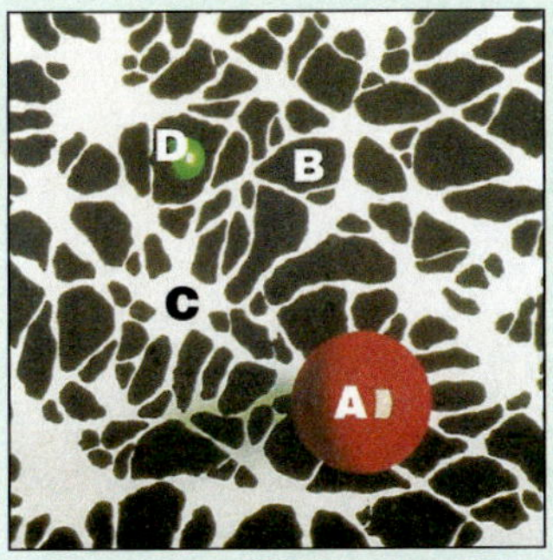

Versuch:
Um die Atmungsaktivität der GORE-TEX Membran unter Beregnung zu testen, befeuchten Sie Ihre Hand, bevor Sie den GORE-TEX Handschuh überziehen.

Tauchen Sie nun Ihre Hand mit dem Handschuh für ca. drei Minuten in kaltes Wasser. Achten Sie darauf, dass von oben kein Wasser in den Handschuh läuft.

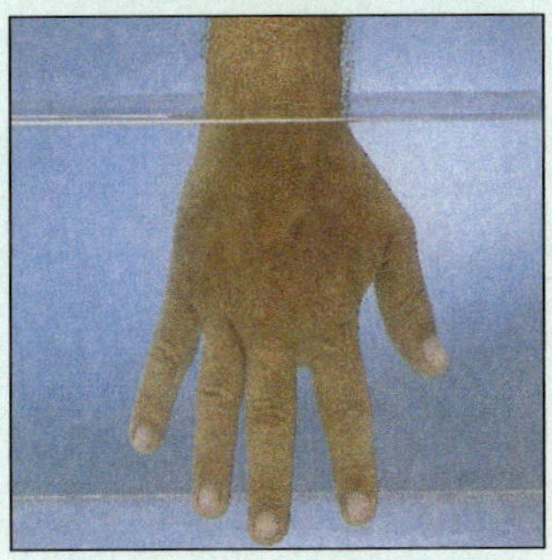

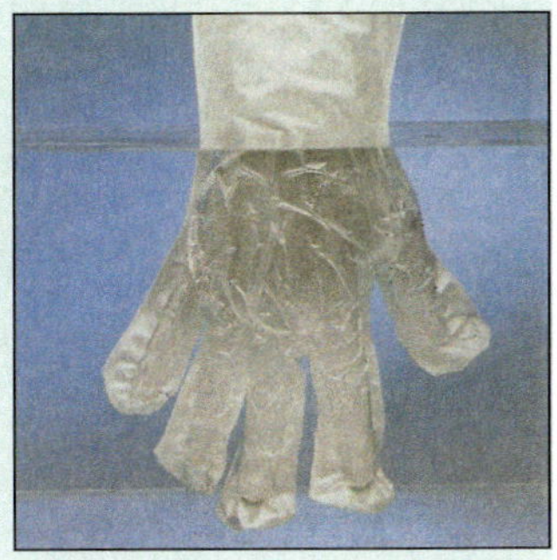

Ergebnis:
Nach dem Herausnehmen ist Ihre Hand trocken! Die Feuchtigkeit (Wasser und Schweiß) wurde durch die atmungsaktive Membran nach außen transportiert. Dieser Effekt funktioniert umso besser, je größer der Temperatur-Unterschied zwischen Wassertemperatur und Handwärme ist.

b) Johannes hat einige GORE-TEX Handschuhe einstecken dürfen und möchte den Handschuh-Test in seiner Klasse durchführen. Notiere in Stichworten, was er für diesen Test erklären muss. Beachte die logische Reihenfolge der Arbeitsschritte und gliedere deine Stichworte sinnvoll.

4 *Wieder zurück in der Schule, wollen Sarah und Johannes ihrer Klasse von ihren Erkenntnissen berichten. Sie bereiten eine Präsentation zum Thema „Textile Welten“ vor.*

a) Schau dir noch einmal deine Notizen von Seite 3–5 an und überlege, welche Informationen du mit welchen Medien (z. B. Plakat, OH-Folie, Tafel, Bilder) oder Materialien besonders gut veranschaulichen kannst. Fertige dazu in deinem Heft eine Übersichtstabelle an.

b) Ordne deine Notizen von Seite 3–5 und erstelle in deinem Heft eine Gliederung für einen Vortrag. Arbeite die Präsentation fertig aus: Erstelle verständliche Plakate und stelle interessante Materialien vor.

Ein Protokoll schreiben

!

Protokollieren ist eine spezielle Form des Berichtens. Ein Protokoll, auch als Niederschrift bezeichnet, hält wichtige Aspekte eines Geschehens oder eines Gespräches fest. Protokolle schreibt man in unterschiedlichsten Situationen, z. B. in Gerichtsverhandlungen, bei der Polizei oder im Unterricht. Grundlage zur Ausarbeitung von Protokollen sind meist Notizen (▷ S. 3–5). Protokolle haben eine feste äußere Form:

- **Protokollkopf** (Anlass/Titel der Veranstaltung, Datum, Uhrzeit, Ort, Anwesende, Abwesende, Protokollführer/-in, Thema, Auflistung der Tagesordnungspunkte),
- Gliederung des **Hauptteils** (der eigentlichen Niederschrift) in **Tagesordnungspunkte** (TOPs),
- **Schluss**: **Ort**, **Datum** und **Unterschrift** des Protokollführers, der Protokollführerin.

Man unterscheidet je nach Zweck eines Protokolls in:

- **Ergebnisprotokoll**, weitgehend auf das Festhalten von Ergebnissen beschränkt; Tempus ist das Präsens.
- **Verlaufsprotokoll**, ausführliche Niederschrift eines Hergangs oder Gesprächs; Tempus ist meist das Präteritum.

Ein **Unterrichtsprotokoll** ist meist eine Mischung aus Verlaufs- und Ergebnisprotokoll: Es berücksichtigt neben den Ergebnissen auch die wichtigsten Stationen des Unterrichtsverlaufs (Tempus: Präsens).

Wie gesund ist unsere Ernährung?

Im Februar 2005 besuchten einige Schülerinnen und Schüler der Klasse 8 d des Lion-Feuchtwanger-Gymnasiums die Tagung „Jugend trifft Wissenschaft“ in Berlin. Sven Leitmeir macht sich während der Veranstaltung Notizen, um anschließend ein Protokoll zu schreiben. Hier sind seine Aufzeichnungen über den Beginn der Veranstaltung.

8. 2. 05 – Ort: Konferenzraum B04 ICC (Berliner Kongresszentrum) – 10.00 Uhr – Workshop heißt: Zukunft der Gummibärchen – Essen im 21. Jahrhundert – Leiter: Prof. Klaus Menrad, Fachhochschule Weihenstephan/Dr. Karlheinz Steinmüller vom Z_punkt Institut für Zukunftsforschung – 40 Fachhochschüler, Gymnasiasten, Studenten der Ernährungswissenschaften – Einstieg: Schreckensmeldungen zum Thema Ernährung 2020 erfinden, auf verteilte rote Zettel schreiben (<–> grüne Zettel positive Nachrichten), Ergebnisse an die Tafel geheftet: „Schokolade wird verboten“, „Essen nur noch in Pillenform“, „Massensterben dicker Jugendlicher“ – geplanter Zeitrahmen: 12.30–13.00 Uhr Mittagessen, Schluss 16.30 Uhr, Dauer der Veranstaltung 6,5 Stunden insgesamt

1 a) *Vervollständige den folgenden Protokollkopf, indem du Svens Notizen auswertest.*
b) *Lies die Texte zu den TOPs 2–5 auf Seite 7–9 und ergänze im Protokollkopf stichwortartige Überschriften dazu.*

Art der Veranstaltung: ______

Datum: ______

Beginn und Ende: ______

Ort: ______

Leiter/-in der Veranstaltung: ______

Anwesende: ______

Protokollführer/-in: ______

Thema: ______

Tagesordnung: TOP 1 Neueste Trends in der Esskultur; TOP 2 ______

______

!

- Sprachlich ist ein Protokoll **knapp** und **sachlich** zu schreiben. Wichtig sind Logik und Verständlichkeit, auf persönliche Wertungen muss verzichtet werden.
- Wichtige Gesprächsbeiträge werden in der **indirekten Rede** (▷ S. 34) wiedergegeben.

2 *a) Lies den folgenden Ausschnitt aus Svens Protokoll. Unterstreiche die Begriffe, die du nicht kennst, und schlage ihre Bedeutung nach.*
b) Unterstreiche alle Prädikatsteile der indirekten Rede.

TOP 2

Ökotrophologie ist die Bezeichnung für Haushalts- und Ernährungswissenschaften. Die Haushalts- und Ernährungswissenschaften sind in der Bundesrepublik Deutschland als eigenständige universitäre Disziplin in den 1960er-Jahren in Form von Diplom-Studiengängen eingerichtet worden. Die Fachhochschule Weihenstephan bietet den Studiengang seit dem Jahr 1965 an. Der vortragende Ökotrophologe meint, der interdisziplinär angelegte Studiengang erfordere von den Studierenden Flexibilität und Interesse an naturwissenschaftlichen, sozialökonomischen und technischen Fragestellungen und Verfahren. Absolventen der Fachhochschule sind vielseitig ausgebildet. Sie können in der Verwaltung zwischen verschiedenen Experten vermitteln, z. B. im Krankenhaus zwischen ärztlicher Leitung und Verwaltung. Der Referent betont, der Ökotrophologe sei „Spezialist" und „Generalist" zugleich. Er erläutert einige Beispiele seiner Arbeit: So seien etwa Gewürzscouts unterwegs, die auf den Märkten der Dritten Welt nach Kräutern suchten, die die westliche Ernährungsindustrie noch nicht kenne. Einen weiteren Schwerpunkt sieht der Ökotrophologe in der Aufklärung der Bevölkerung im Bereich Ernährung.

3 *Ergänze den folgenden Auszug aus Svens Protokoll durch die indirekte Rede. Setze in die Lücken die jeweils passende Konjunktivform des angegebenen Verbs. Achte auf das richtige Tempus.*

TOP 3

Die Diskussion über Ernährung leitete Prof. Klaus Menrad mit Dr. Karlheinz Steinmüller. So stark, wie sich die Esskultur in den vergangenen zwanzig Jahren ______________________ (verändern), ______________ sie sich auch in den kommenden zwei Dekaden ______________ (wandeln), eröffnete Dr. Steinmüller die Debatte. Daniels Frage, wozu wir darüber ______________________ (nachdenken müssen), beantwortete ein Student damit, dass z. B. zwischen Ernährung und Umweltschutz ein enger Zusammenhang ______________________ (bestehen). Gummibärchen ______________ auch in 20 Jahren noch ______________________ (lecker sein), behauptete Professor Menrad. Miriam warf ein, dass Süßigkeiten durch den hohen Anteil an raffiniertem Zucker ______________________ (ungesund sein). Eine übermäßige Zufuhr von Zucker und Fett ______________ (haben) besonders schwerwiegende Folgen. Künstliche Zuckeraustauschstoffe ________ (sein) aber auch nicht unschädlicher.

4 *Während der Tagung „Jugend trifft Wissenschaft“ verlief die Diskussion zu TOP 4 wie unten aufgeführt. Erstelle ein Protokoll zum Tagesordnungspunkt 4. Fasse dazu die einzelnen Gesprächsbeiträge inhaltlich kurz zusammen und schreibe wichtige Gesprächsbeiträge in indirekter Rede auf.*

TOP 4

Der Begriff „Convenience Food“ löst eine heiße Diskussion aus.
Schüler 1: „Was ist Convenience Food?“
Dr. Steinmüller: „Das sind industriell vorgefertigte Fertiggerichte, die sich auch in Deutschland immer größerer Beliebtheit erfreuen. Sie sind ‚convenient‘, sprich zweckmäßig. Am populärsten sind Tiefkühl-Gerichte. ‚Convenience Food‘ ist vergleichsweise teuer, aufwändig (chemisch, biologisch und physikalisch) behandelt und teilweise auch genmanipuliert.“
Student 1: „Ist nicht alles ‚convenient‘, was auf die eine oder andere Weise vorbereitet wird? Wer hat schon einen Truthahn im Garten? Wenn du beim Metzger das Geschnetzelte kaufst, isst du immer schon ‚convenient‘.“
Student 2: „Zutaten, Zusammensetzung und Herkunft sind die Geheimnisse der Lebensmittelindustrie, und mit unseren ursprünglichen Lebensmitteln haben die Produkte meist nur noch wenig zu tun.“
Student 3: „Das ist doch Quatsch. Völlig übertrieben. Es spart viel Zeit, wenn die Nahrung schon vorbereitet ist.“
Dr. Steinmüller: „Die Gastronomie greift übrigens immer häufiger auf solche Produkte zurück. Hohe Anteile an raffiniertem Zucker, Salz, gesättigten Fetten, Geschmacksverstärkern und Konservierungsmitteln machen sie zu Wundertüten der unangenehmen Art. Gerade Kinder, die regelmäßig mit Fertigprodukten ernährt werden, kommen später schwer davon los.“
Schüler 2: „Was kann man da tun?“
Dr. Steinmüller: „Unser Tipp: Man muss sich Zeit nehmen, die tägliche Nahrung so frisch wie möglich selbst zuzubereiten.“

5 *Sven war gegen Ende etwas erschöpft, der letzte Teil seines Protokolls ist ihm nicht gut gelungen. Überarbeite den folgenden Auszug anhand des Merkwissens auf Seite 7 oben sprachlich-stilistisch und logisch.*

a) Unterstreiche fehlerhafte Formulierungen und begründe in der mittleren Randspalte kurz, was falsch ist.

b) Notiere in der äußeren Randspalte Verbesserungsvorschläge.

TOP 5

Zu Anfang der Diskussion wurde zunächst eine kurze Erklärung des Begriffs „Functional Food“ angestellt. Auf Deutsch sagt man „funktionelle Lebensmittel“. Dr. Steinmüller zufolge bedeutet dieser Begriff – das Wort ist im Übrigen aus den beiden englischen Begriffen „functional“ und „food“ aufgebaut – Produkte, die zusätzlich zu ihrem Nährwert noch einen besonderen gesundheitlichen Nutzen aufweisen sollen. Dr. Steinmüller sagt, es gibt ein Problem: Ob diese Lebensmittel tatsächlich den tollen Beitrag zur Gesundheit und Leistungsfähigkeit leisten, den sie versprechen, ist nicht bewiesen. Eine rechtsverbindliche Definition für „Functional Food“ gibt es in Europa nicht. Die bekanntesten funktionellen Lebensmittel sind die probiotischen Milchprodukte. Sie enthalten spezielle Milchsäurebakterien, denen eine positive Wirkung zugeschrieben wird. Zunächst werden die Informationen, die eben geliefert wurden, von den Teilnehmern des Kurses erörtert. Ein Schüler fasst die Hauptthesen zusammen. In diesem Zusammenhang wurde auch auf die Schwierigkeit des Begriffs eingegangen, der nicht geschützt ist.

Unterschrift, Datum, Ort

Begründung	Verbesserungsvorschlag
Ausdruck, Stil	wurde der Begriff erklärt
Logik	Wiederholung, streichen

Argumentieren/Stellung nehmen

In einer **Diskussion** versucht man, Gesprächspartner oder -partnerinnen von etwas zu überzeugen oder sie zu etwas Bestimmten zu bewegen. Erfolg verspricht eine Argumentation, die **sachlich**, **inhaltlich korrekt** und **logisch** ist.

Eine **Argumentation** besteht immer aus mindestens drei Teilen: These (Behauptung), Argument (Begründung), Beispiel:
- Du stellst eine **These** (Behauptung) auf, die etwas empfiehlt, bewertet oder beurteilt.
- Diese These **begründest** du ausführlich mit **Argumenten** (z. B. allgemein anerkannte Tatsachen, überprüfbare Beobachtungen, Expertenmeinungen).
- Argumente veranschaulichst du mit **Beispielen** (z. B. eigene Erfahrungen, Belege, Zitate).

Diskutieren als Wettstreit

1 ***Das Argumentationsspiel:***

a) Schließt euch zu zweit zusammen und legt fest, wer Partner(in) Ⓐ und wer Partner(in) Ⓑ ist.
Wählt ein Paar unter den nachfolgend abgebildeten Gegenständen aus:

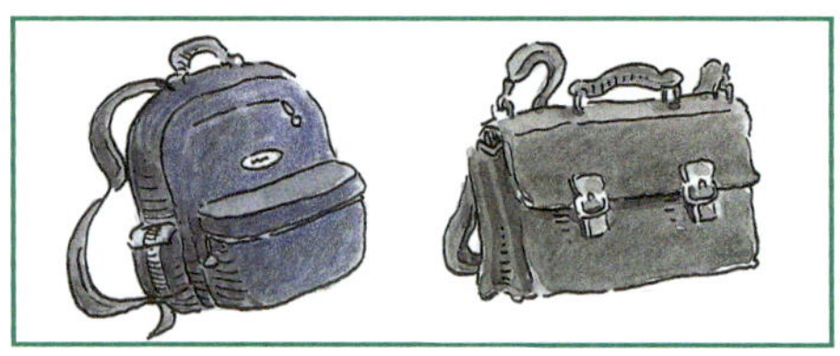

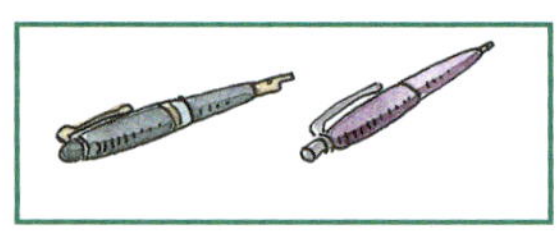

b) Das Spiel ist ein Wettbewerb: Wer kann seinen Gegenstand besser anpreisen? Geht folgendermaßen vor:
- *Ⓐ wählt eines der beiden Dinge aus, Ⓑ übernimmt das jeweils andere.*
- *Legt eine Stoffsammlung an und sammelt beide stichhaltige Argumente und Beispiele, die für euren Gegenstand sprechen.*

TIPP

Um stichhaltig argumentieren zu können, musst du zunächst eine **Stoffsammlung** anlegen. Notiere alle Gedanken, Informationen und Ideen, die dir spontan zum Thema einfallen. Hilfreich sind dafür z. B. **Brainstorming**, **Mind-Map** oder **Cluster**. Stelle auch **W-Fragen**, z. B.: Wer benutzt den Gegenstand wann, wo und wozu?
Du kannst prüfen, wie gut deine Argumente sind, indem du in Gedanken Gegenargumente suchst. Diese kannst du dann vorausschauend entkräften.

- *Nun geht es los: Zuerst preist A, dann B seinen Gegenstand an. Jede Argumentation beginnt mit einer These, z. B.: „... hat ungeheure Vorteile gegenüber ...“.*

c) Entscheidet, wer die besseren Argumente und Beispiele hatte und sein Gegenüber überzeugen konnte.
d) Alle Partner-Paare stellen in der Klasse nacheinander die jeweils überzeugendere Argumentation vor.

2 *Denke noch einmal in Ruhe über den Verlauf eurer Diskussion in der Zweiergruppe nach. Schreibe in ein bis zwei Sätzen eine Bewertung des Diskussionsverlaufs mit Begründung und Beispiel.*

Eine Stellungnahme schreiben

3 *In der folgenden Übersicht findest du Argumente und Beispiele zum Thema „Warum sind Hausaufgaben sinnvoll?". Aber: Nicht alle Argumente und Beispiele eignen sich für eine Argumentation.*

a) *Lies die Argumente der linken Spalte genau. Bewerte dann mit Zeichen (+ = sehr gut, – = eignet sich nicht) die Überzeugungskraft der Argumente.*

b) *Die Überzeugungskraft einer Argumentation steigt, wenn du deine Argumente durch Beispiele veranschaulichst. Lies die Beispiele, die in der rechten Spalte aufgeführt werden. Ordne den Argumenten, die du mit + gekennzeichnet hast, passende Beispiele zu, indem du den jeweiligen Buchstaben des Arguments in das Kästchen einträgst.*

Argumente	Beispiele
A ☐ Aufgaben in ähnlicher Form, die selbstständig zu lösen sind, wiederholen und vertiefen den Unterrichtsstoff vom Vormittag.	☐ Im Internet, z. B. auf der Seite „hausaufgaben.de", werden ganze Deutschaufsätze und Lösungshilfen zu Mathematikaufgaben angeboten.
B ☐ Hausaufgaben rauben den Schüler/-innen den letzten Rest Freizeit und erlauben keine Erholungsphasen nach einem anstrengenden Schultag mehr.	☐ Wissenschaftliche Studien haben ergeben, dass der Lerneffekt erst durch die Wiederholung eines Stoffes auf Dauer gesichert wird.
C ☐ Hausaufgaben sind ein Kontrollinstrument für Schüler/-innen und Lehrer/-innen, weil erst durch die Hausaufgaben und die Verbesserung in der nächsten Unterrichtsstunde klar wird, was man selbst wirklich verstanden hat.	☐ Eine Elterninitiative äußerte besorgt: „Lehrer verlieren oft den Blick für das rechte Maß, sodass der Umfang der Hausaufgaben und der dafür notwendige Zeitaufwand den ganzen Nachmittag beanspruchen. An die anderen Fächer, die für den nächsten Tag vorzubereiten sind, wird selten gedacht."
D ☐ Hausaufgaben stellen keine eigene Leistung dar. Im Zeitalter des Internets lassen sich Hausaufgaben aus dem Internet herunterladen. Oder sie werden vielfach einfach vor der Unterrichtsstunde von einem Mitschüler oder einer Mitschülerin abgeschrieben.	☐ „Das kenne ich aus eigener Erfahrung: Mein Stundenplan ist sehr voll. Ich habe oft bis in den Nachmittag Unterricht, und bis ich dann zu Hause bin und gegessen habe, ist es fast schon wieder Zeit zum Abendessen. Neben den Hausaufgaben bleibt darum kaum Zeit zum Spielen oder für Freunde und Sport."
E ☐ Die Menge an Hausaufgaben für jedes einzelne Fach ist an einem Nachmittag nicht zu bewältigen.	☐ Hat jemand während des Unterrichts ein Verständnisproblem, klären dies alle zusammen. Dann reicht die Zeit oft nicht für alle Fragen, und manches fällt einem gar nicht ein, weil gerade so viele andere Dinge besprochen werden.
F ☐ Fragen und Zusammenhänge werden deutlicher, weil es allein leichter ist, sich zu konzentrieren und im eigenen Tempo zu arbeiten.	☐ Eine im Unterricht erarbeitete Textzusammenfassung zeigt den Aufbau und die Vorgehensweise exemplarisch. Aber es ist bekannt, dass erst eine selbstständig verfasste Zusammenfassung beweist, ob man das Prinzip verstanden hat.

4 *Schreibe zur Frage „Warum sind Hausaufgaben sinnvoll?" eine persönliche Stellungnahme.*

a) *Lege zuerst eine Stoffsammlung an. Suche dazu aus der obigen Übersicht geeignete Argumente und Beispiele zum Thema heraus und schreibe sie auf.*

b) *Ergänze deine Stoffsammlung, indem du selbst weitere Argumente und Beispiele ergänzt.*

c) *Schreibe deine Stellungnahme. Achte darauf, deine Argumentation auch sprachlich gut darzustellen. Der folgende Tippkasten hilft dir dabei.*

TIPP

Um die Zusammenhänge einer Argumentation auch sprachlich gut darzustellen, verwendet man **satzverknüpfende Konjunktionen** und **Adverbien**, z. B.:

- **folgernd**: „daher", „deshalb", „sodass", „infolgedessen", „demzufolge"
- **anreihend**: „zudem", „außerdem", „auch", „ebenso", „ferner", „sowie"
- **begründend**: „deshalb", „da", „weil", „daher", „denn", „nämlich"

Fragen und Sachverhalte erörtern

!

Die **schriftliche Form der Argumentation** nennt man **Erörterung**. Bei einer Erörterung stellst du eine Behauptung (These) auf, die durch Argumente (Begründungen) stützt und durch Beispiele veranschaulichst. Jede Erörterung besteht aus **Einleitung**, **Hauptteil** und **Schluss**. Der Hauptteil enthält den Argumentationsgang.

Stoffsammlung und Gliederung

1 a) *Erstelle eine Stoffsammlung zu dem Thema* ***Warum sind Diskotheken bei Jugendlichen so beliebt****?*
Ergänze weitere Stichworte, die dir zum Thema einfallen.

Thema: Warum sind Diskotheken bei Jugendlichen so beliebt?

- Freunde treffen
- tolle Musik
- tanzen

TIPP

Folgende Tipps helfen dir, eine ausführliche **Stoffsammlung** anzulegen:
- Notiere, was dir zum Thema spontan einfällt.
- Stelle **W-Fragen** zum Thema (**Was** ist eine Diskothek? **Wann** geht man dort hin? **Wer** geht hin? **Warum** geht man in eine Diskothek? **Was** wird dort geboten?)

b) *Für deinen Erörterungsaufsatz musst du deine Stoffsammlung ordnen und gliedern. Was gehört inhaltlich zusammen? Markiere in deiner Stoffsammlung zusammengehörende Punkte mit der gleichen Farbe und streiche Stichworte, die nicht exakt zum Thema passen, oder Wiederholungen.*

c) *Ordne deine Stoffsammlung nach Oberbegriffen und Unterpunkten und schreibe sie dann übersichtlich auf, z. B. in einer Tabelle.*

Oberbegriffe	gute Unterhaltung	...
Unterpunkte	tanzen	...
	tolle Musik hören	

!

Um eine Gliederung zu erstellen, kannst du auf deine Stoffsammlung zurückgreifen. Aus den Oberbegriffen entwickelst du Argumente, aus den Unterpunkten Beispiele. Die Gliederung kann traditionell oder numerisch erfolgen:

traditionell:	**numerisch**:
A Einleitung	**1** Einleitung
B Hauptteil (These zur Themafrage)	**2** Hauptteil (These zur Themafrage)
I. Argument	2.1 Argument
1. Beispiel	2.1.1 Beispiel
2. Beispiel	2.1.2 Beispiel
II. Argument	2.2 Argument
1. Beispiel	2.2.1 Beispiel
...	...
C Schluss	**3** Schluss

Die Gliederungspunkte müssen einheitlich, entweder als Stichworte oder in ganzen Sätzen formuliert werden.

2 *Erstelle eine Gliederung für den Hauptteil einer Erörterung zum Thema*
Warum sind Diskotheken bei Jugendlichen so beliebt?
Nutze dazu deine Stoffsammlung von Seite 12 und bringe deine Ideen und Gesichtspunkte in eine sinnvolle Reihenfolge, vom weniger wichtigen Argument zum wichtigsten.
Schreibe einheitlich, entweder in ganzen Sätzen oder in Stichworten.

A (Einleitung) eine neue Diskothek in unserem Ort

B (Hauptteil) Diskotheken sind beliebt

I. Argument gute Unterhaltung

1. Beispiel neueste Hits hören

2. Beispiel

II. Argument

1. Beispiel

2. Beispiel

III. Argument

1. Beispiel

2. Beispiel

C (Schluss) Leider oft viel Alkohol- und Drogenkonsum

Der Hauptteil der Erörterung: Die Argumentation schreiben

!

Der Hauptteil der Erörterung enthält den Argumentationsgang. Nur wer ausführlich argumentiert, kann andere überzeugen:

1. Formuliere eine These zur Fragestellung.
2. Führe in sinnvoller Reihenfolge eine Kette von Argumenten für deine These an. Das stärkste Argument steht am Schluss.

Stütze jedes Argument mit geeigneten Beispielen, z. B.: Umfrageergebnisse, persönliche Erfahrungen („Wie ich gerade in der vergangenen Woche erleben konnte ...“), Zitate („Die Verbraucherzentrale rät ...“)

Hauptteil: 1. Formulierung der eigenen These zur Fragestellung
2. Argumentation für die These
Argument I
Argument II } Stützung durch Beispiele, Belege, Zitate
Argument III
...

Um den Gedankengang deiner Argumentation deutlich zu machen, musst du die Zusammenhänge (z. B. von Behauptung, Begründung und Beispiel) auch sprachlich gut darstellen, z. B. durch Überleitungen, Konjunktionen und Adverbien.

1 *Damit deine Erörterung sprachlich flüssig wird, musst du die einzelnen Bausteine deiner Argumentation sprachlich zu einer Argumentationskette verknüpfen.*
Untersuche die folgende Argumentationskette genau:

- ☐ *Markiere ⌈, wo ein neuer Argumentationsschritt beginnt und*
- ☐ *unterstreiche die Argumente* ***rot*** *und die Beispiele* ***grün****.*

Was mich an Diskotheken reizt, ist die Tatsache, dass man sich hier gut mit Freunden treffen kann, seien es solche aus der jetzigen Klasse, aus einer anderen Schule oder aus dem Bekanntenkreis. Am Wochenende will man möglichst alle Freunde sehen und mit ihnen etwas unternehmen. Dazu eignet sich die Diskothek als Treffpunkt besonders gut. Meine Clique ist z. B. fast jeden Samstag im „Airport“ zu finden, sodass wir uns, ohne uns großartig verabreden zu müssen, einmal die Woche sehen. Aber nicht nur bisherige Bekannte und Freunde trifft man, denn auch neue Leute kann man in der Disko ohne Weiteres kennen lernen. Fast jedes Mal lernt man jemanden kennen, spricht mit ihm oder ihr ein paar Worte und begrüßt sich beim nächsten Besuch oder wenn man sich sonst wo trifft.
Ich habe z. B. kürzlich jemanden wieder getroffen, den ich in der Diskothek kennen gelernt habe und der mittlerweile Angestellter in einer Bank ist, sodass er mir gleich ein paar gute Tipps zu einem Sparvertrag geben konnte.

2 *Führe deine Gliederung zum Thema* ***Warum sind Diskotheken bei Jugendlichen so beliebt?*** *(▷ S. 13) zu einer vollständigen Argumentationskette aus. Führe das stärkste Argument am Schluss aus.*

Einleitung und Schluss gestalten

!

Eine Erörterung besteht aus Einleitung (Hinführung zum Thema), Hauptteil (Argumentationsgang) und Schluss (Abrundung des Themas).

Die **Einleitung** soll Interesse für das Thema wecken, die Aktualität und Bedeutung der Problematik erklären und gezielt zur Themafrage führen. Du kannst verschiedene Einstiege wählen:

- ein aktuelles oder ein persönliches Ereignis,
- eine Annäherung über ein verwandtes Thema,
- einen historischen Rückblick.

Wichtig: Die Einleitung darf keine Argumente aus dem Hauptteil vorwegnehmen! Sie muss logisch aufgebaut sein und Wiederholungen vermeiden.

1 *Formuliere zu jeder Möglichkeit einen Einleitungsgedanken für eine Erörterung zum Thema* ***Warum sind Diskotheken bei Jugendlichen so beliebt?***

a) Ein aktuelles oder ein persönliches Ereignis, z. B.: Neueröffnung einer Diskothek.

Vor einem Monat wurde in unserem Ort eine neue Diskothek namens „Airport" eröffnet.

Inzwischen war ich schon einige Male dort

b) Ein historischer Rückblick, z. B.: Diskotheken gibt es schon seit 30 Jahren.

c) Ein Vergleich mit etwas Ähnlichem, z. B.: Manche Vereine bieten Tanzabende an.

!

Der **Schluss** soll das Thema abrunden, aber keine neuen Argumente beinhalten. Für die Gestaltung des Schlusses gibt es unterschiedliche Möglichkeiten, z. B.:

- die eigene Stellungnahme zum Thema,
- ein persönlicher Wunsch oder eine Forderung,
- ein Ausblick auf künftige Entwicklungen oder ein weiterführender Gedanke.

VORSICHT FEHLER!

Häufig führen solche Besuche auch dazu, dass einige zu viel Alkohol trinken oder sogar Drogen nehmen. Das ist ein Problem, wenn sie dann auch noch selbst Auto fahren, weil dann die Unfallgefahr groß ist. Aber trotzdem gibt es viele Gründe dafür, dass Diskotheken von Jugendlichen so gerne aufgesucht werden. Nichtalkoholische Getränke sollten billiger angeboten werden als alkoholische. Dann bleibt der Diskobesuch ein Vergnügen.

2 *a) Überarbeite den Schluss und schreibe ihn in dein Heft.*

b) Wie würdest du selbst den Schluss gestalten? Wähle eine weitere Möglichkeit für den Schlussgedanken aus dem Merkkasten aus und formuliere einen Schluss.

Übung zum Erörtern

PC-Entertainment in der Kritik

Computerspiele sind aus dem Alltag von Jugendlichen nicht mehr wegzudenken. Sie kommen den Bedürfnissen nach Spaß und spannender Unterhaltung entgegen. Unter Eltern und Wissenschaftlern sind Computerspiele jedoch umstritten. Im Hinblick auf die befürchtete negative Wirkung bestimmter Spielinhalte stellen sich viele erzieherisch Tätige die Frage, ob sie den Umgang mit gewissen Spielen generell verbieten sollten.

Aber schaden Computerspiele den Kindern und Jugendlichen überhaupt? In dieser Frage sind sich Experten immer noch uneins – erst nach und nach bringen wissenschaftliche Untersuchungen Licht ins Dunkel der virtuellen Welten. Nach dem derzeitigen Stand der Medienwirkungsforschung gibt es verschiedene Theorien über die Auswirkungen von Computerspielen. Es gilt also, pauschale und schnelle Werturteile zu vermeiden.

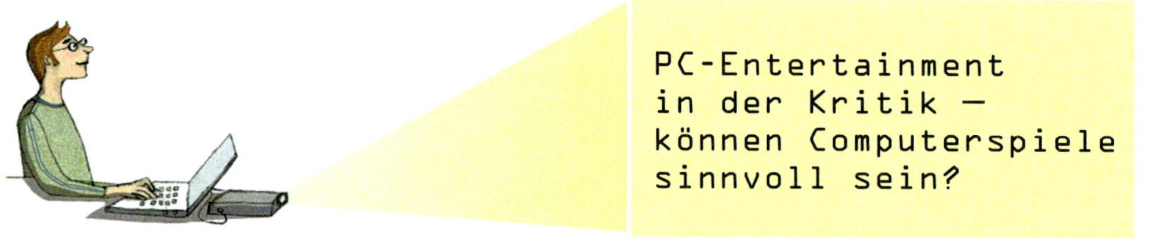

1 *Formuliere zwei extrem gegensätzliche Thesen zu diesem Thema.*

Befürwortung von Computerspielen:

___

___

___

Ablehnung von Computerspielen:

___

___

___

2 *Erstelle eine Stoffsammlung zu dem Thema:* ***PC-Entertainment in der Kritik – können Computerspiele sinnvoll sein?*** *Lege nach folgendem Muster eine Tabelle in deinem Heft an. Stelle darin Argumente zusammen, die für (pro) und gegen (kontra) Computerspiele sprechen.*

pro Computerspiele	kontra Computerspiele
- Computerspiele fördern logisches Denken und räumliches Sehen	- Computerspiele führen zur Vereinsamung

3 *Schreibe deine Position zur Themafrage auf, indem du eine These formulierst.*

4 *Im Folgenden findest du eine Zusammenstellung von Argumenten und Beispielen zur Themafrage.*

a) Kennzeichne diejenigen Argumente, die deine eigene These stützen, mit einem + im ersten der beiden Kästen.

Argumente	Beispiele
Der Umgang mit Computern fördert auf spielerische Weise Fantasie, Kreativität, logisches Denkvermögen und Problemlösungsfähigkeit. ☐ ☐	Eine Mehrzahl von befragten Schülerinnen und Schülern bestätigte, dass bestimmte Computerspiele ihre Hemmschwelle herabsetzten, sich aggressiv zu verhalten.
Computerspiele bieten nur eine begrenzte Anzahl von Alternativen für einen Lösungsweg. Die Kreativität kommt zu kurz. ☐ ☐	Eine aktuelle Studie der Universität Hamburg zeigt kein einheitliches Bild zur Auswirkung von Gewaltdarstellungen in Computerspielen auf das soziale Verhalten.
Planerisches Vorausschauen, strategische Überlegungen und damit die Entscheidungskompetenz werden gefördert. ☐ ☐	Häufig werden Probleme in Computerspielen durch Gewalt oder durch die Vernichtung des Gegners gelöst.
Durch Computerspiele geht das intuitive Denken verloren. ☐ ☐	Simulationen haben häufig einen realistischen Hintergrund. Die Informationen zu den einzelnen Erdteilen, zu physikalischen oder wirtschaftlichen Zusammenhängen, zu Luft- und Raumfahrt sind wissenschaftlich überprüft.
Die isolierte Spielsituation beeinträchtigt die soziale Kompetenz. Kommunikations- und Bewegungsfreiheit sind beeinträchtigt. ☐ ☐	Kinder, die am PC sitzen, verpassen viel: Sie unterhalten sich nicht mit anderen und sind körperlich inaktiv. Sie bewegen sich nicht an der frischen Luft und nehmen in der Regel zu.
Spielerische Simulationen tragen zur Wissensvermittlung bei und helfen, komplexe Zusammenhänge und Regeln zu verstehen. ☐ ☐	Es gibt Strategiespiele, die in Echtzeit laufen, zu mehreren zu spielen sind oder Mitspielende auf der ganzen Welt vernetzen.
Das geänderte Sozial- und Freizeitverhalten der Jugendlichen führt zu Kontaktarmut. ☐ ☐	Abenteuerspiele können die Fantasie anregen und planerische Überlegungen notwendig machen. Der Held oder die Heldin muss in der Regel mehrere Prüfungen bestehen, bevor er oder sie zum Ziel kommt.
Lernen durch Nachahmung führt bei Computerspielen zu aggressivem Verhalten. ☐ ☐	Geschicklichkeitsspiele fördern nachweislich Reaktionsschnelligkeit, Ausdauer und Konzentrationsfähigkeit.

b) Gewichte die + Argumente, die du in deiner Erörterung verwenden möchtest: Nummeriere sie im zweiten Kästchen entsprechend ihrer Rangfolge.

c) Umkreise das gewichtigste Argument, du wirst es an den Schluss deines Hauptteils stellen.

d) Ordne den Argumenten, die du für deine Erörterung ausgewählt hast, passende Beispiele aus der rechten Spalte zu. Verbinde sie mit einem Strich zwischen beiden Kästen.

*e) Erstelle eine Gliederung (**▷ S. 12–13**) und schreibe dann eine vollständige Erörterung zum Thema* ***PC-Entertainment in der Kritik – können Computerspiele sinnvoll sein?****.*

Textgebunden erörtern

Eine textgebundene Erörterung entsteht in Anlehnung an eine Textvorlage, z. B. einen Zeitungstext, der eine strittige Frage behandelt oder ein Problem diskutiert.
Als Erstes musst du den **Text erschließen** und ihn **zusammenfassend wiedergeben**: Benenne das behandelte Problem, referiere die zentralen Thesen und gib erläuternd die Argumentation wieder.
Anschließend setzt du dich kritisch mit dem Gedankengang des Textes auseinander, indem du ihn z. B. durch weitere Argumente stützt oder die vorgebrachten Behauptungen argumentativ entkräftest. Für die textgebundene Erörterung bietet sich folgender **Aufbau** an:

1. Einleitung:
- □ einführender Hinweis auf die Textvorlage (Autor, Überschrift und Kernaussage des Textes)
- □ Benennung des im Text behandelten Problems und der Hauptthese

2. Hauptteil:
- □ Wiedergabe und Erläuterung der Argumentation des Autors, der Autorin
- □ kritische Auseinandersetzung mit den Argumenten des Autors, der Autorin
- □ Abwägung und eigene Stellungnahme

3. Schluss:
- □ Bekräftigung der These, Formulierung eines Wunsches oder einer Forderung, Ausblick auf Zukünftiges etc.

Richtig zitieren: Um Gedanken oder Passagen des Textes wiederzugeben, verwendet man die indirekte Rede oder die Paraphrase. Wichtige einzelne Formulierungen können als Zitat wiedergegeben werden.

George Orwell

Sport ist Krieg (1945)

Ich bin stets betroffen, wenn ich die Leute sagen höre, dass Sport eine Brücke der Verständigung zwischen den Nationen schlägt und dass Durchschnittsbürger – wo auch immer auf der Welt – keinerlei Neigung verspürten, einander auf dem Schlachtfeld zu begegnen, wenn sie sich nur beim Fußball oder Kricket gegenüberständen! Selbst dann, wenn man aus konkreten Beispielen nicht wüsste, dass internationaler Sportwettkampf zu Hassorgien verleitet, könnte man dies aus allgemeinen Kriterien herleiten.
Sozusagen alle heutzutage üblichen Sportarten basieren auf der Idee des Wettstreits! Man spielt, um zu gewinnen, und insofern hat das „Match“ nur einen Sinn: Sieger zu sein. Auf dem Dorfrasen, wo Lokalpatriotismus irrelevant ist, kann man einfach nur so zum Spaß spielen bzw. um in Kondition zu bleiben; aber in dem Augenblick, wo die Prestigefrage gestellt wird, sobald man merkt, dass man selbst, aber auch mehr noch: die Gruppe, der man angehört, diskreditiert wird, wenn man verliert – dann werden die primitivsten Kampfinstinkte angesprochen.
Jeder, der allenfalls einmal in einer Schulmannschaft Fußball gespielt hat, ist sich dessen bewusst. Legt man internationale Maßstäbe an, so ist Sport – offen gesagt – eine Auseinandersetzung, die sich am Krieg orientiert. Aber der springende Punkt liegt nicht am Verhalten der Spieler, sondern in der Reaktion der Zuschauer, unterschwellig wird dabei die Tendenz der einzelnen Völker erkennbar, angesichts dieser absurden Plänkelei in Rage zu geraten und allen Ernstes die Ansicht zu vertreten, zumindest vorübergehend, dass Laufen, Springen und Ballspielen eine Probe aufs Exempel nationaler Qualität sei.
Ist erst einmal das unbezwingbare Gefühl der Rivalität erregt, so erlischt unmittelbar die Absicht, sich beim Spiel an die Regel zu halten. Die Leute wollen nun mal die eine Seite in der Rolle des Gewinners, die andere in der des Verlierers sehen, doch vergessen sie dabei, dass ein Sieg, der durch Betrug oder durch das Eingreifen der Masse zustande gekommen ist, nichts zählt. Selbst da, wo die Zuschauer nicht aktiv mit dabei sind, versuchen sie das Spiel zu beeinflussen, indem sie ihrer Partei zujubeln, jedoch die Gegenseite mit Buhrufen und Schmähungen überschütten. Ernst zu nehmender Sport hat mit Anstand nichts zu tun. Er ist verbunden mit Hass, Eifersucht, Prahlerei, Missachtung aller Regeln sowie dem sadistischen Vergnügen daran: Es handelt sich um Krieg, nur dass eben nicht geschossen wird.

1 a) *Lies den Text von George Orwell und schlage unbekannte Wörter nach.*
b) *Unterstreiche die Schlüsselwörter.*
c) *Fasse in einem Satz zusammen, worum es in diesem Text geht.*

2 *Schreibe eine Einleitung für eine textgebundene Erörterung zu dem Text von George Orwell. Erwähne auch die Hauptthese des Textes „Sport ist Krieg".*

In seinem Text „Sport ist Krieg" vertritt George Orwell die These

3 a) *Lies den Text erneut und unterstreiche alle Argumente, die George Orwells Hauptthese stützen.*
b) *Notiere diese Argumente in Stichworten und ergänze die zugehörigen Beispiele und Belege.*

4 *Nehmen wir an, du fändest Orwells Interpretation des Leistungssports völlig überzogen. Beziehe eine Gegenposition.*
a) *Bereite deine Ausarbeitung vor, indem du Argumente sowie Beispiele und Belege gegen Orwells Standpunkt sammelst. Schreibe die drei besten Argumente auf.*
b) *Nummeriere diese Argumente anschließend in der Rangfolge ihrer Wichtigkeit. Das wichtigste Argument stellst du in deiner Erörterung an den Schluss.*

5 *Wäge deine und George Orwells Argumente gegeneinander ab und formuliere eine eigene, abschließende Stellungnahme zu der These „Sport ist Krieg" (Ende deines Hauptteils).*

6 *Schreibe eine vollständige textgebundene Erörterung in dein Heft.*

Den Inhalt von literarischen Texten zusammenfassen

!

Eine Textzusammenfassung informiert **kurz** und **sachlich** über den **Inhalt des Textes**.
Um einen **literarischen Text** zusammenzufassen, musst du ihn zuerst genau lesen.
Fasse die wesentlichen Aspekte des Handlungsverlaufs in der zeitlich richtigen Reihenfolge zusammen.
Informiere über die Gründe der Handlung und der Ereignisse. Beachte:

- Die **Einleitung** stellt in zwei bis drei Sätzen
  - Autor/-in, Titel und Textart,
  - Ort und Zeit der Handlung,
  - handelnde Personen (Figuren) und ihr Verhältnis zueinander
  - und die Kernaussage des Textes vor.
- Im **Hauptteil** werden die wichtigsten Ereignisse der Handlung in chronologischer Reihenfolge erfasst.

Zeitform ist das **Präsens**, bei Vorzeitigkeit das Perfekt. Schreibe **sachlich** und **knapp**. Benutze eigene Worte. Stelle Zusammenhänge (Gründe und Folgen) durch passende Konjunktionen (▷ S. 11) und Adverbien dar. Direkte Rede wird als **indirekte Rede** (▷ S. 32–37) oder umformuliert als Aussagesatz (Paraphrase) wiedergegeben.

Heinrich Böll

Anekdote zur Senkung der Arbeitsmoral (1963)

I) In einem Hafen an einer westlichen Küste Europas liegt ein ärmlich gekleideter Mann in seinem Fischerboot und döst. Ein schick angezogener Tourist legt eben einen neuen Farbfilm in seinen Fotoapparat, um das idyllische Bild zu fotografieren: blauer Himmel, grüne See mit friedlichen schneeweißen Wellenkämmen, schwarzes Boot, rote Fischermütze. Klick. Noch einmal: klick. Und da aller guten Dinge drei sind und sicher sicher ist, ein drittes Mal: klick. Das spröde, fast feindselige Geräusch weckt den dösenden Fischer, der sich schläfrig aufrichtet, schläfrig nach einer Zigarettenschachtel angelt; aber bevor er das Gesuchte gefunden, hat ihm der eifrige Tourist schon eine Schachtel vor die Nase gehalten, ihm die Zigarette nicht gerade in den Mund gesteckt, aber in die Hand gelegt, und ein viertes Klick, das des Feuerzeuges, schließt die eilfertige Höflichkeit ab. Durch jenes kaum messbare, nie nachweisbare Zuviel an flinker Höflichkeit ist eine gereizte Verlegenheit entstanden, die der Tourist – der Landessprache mächtig – durch ein Gespräch zu überbrücken versucht.

II) „Sie werden heute einen guten Fang machen."
Kopfschütteln des Fischers.
„Aber man hat mir gesagt, dass das Wetter günstig ist."
Kopfnicken des Fischers.
„Sie werden also nicht ausfahren?"
Kopfschütteln des Fischers, steigende Nervosität des Touristen. Gewiss liegt ihm das Wohl des ärmlich gekleideten Menschen am Herzen, nagt an ihm die Trauer über die verpasste Gelegenheit.
„Oh, Sie fühlen sich nicht wohl?"
Endlich geht der Fischer von der Zeichensprache zum wahrhaft gesprochenen Wort über. „Ich fühle mich großartig", sagt er. „Ich habe mich nie besser gefühlt." Er steht auf, reckt sich, als wolle er demonstrieren, wie athletisch er gebaut ist. „Ich fühle mich fantastisch."
Der Gesichtsausdruck des Touristen wird immer unglücklicher, er kann die Frage nicht mehr unterdrücken, die ihm sozusagen das Herz zu sprengen droht: „Aber warum fahren Sie dann nicht aus?"
Die Antwort kommt prompt und knapp. „Weil ich heute Morgen schon ausgefahren bin."
„War der Fang gut?"
„Er war so gut, dass ich nicht noch einmal auszufahren brauche, ich habe vier Hummer in meinen Körben gehabt, fast zwei Dutzend Makrelen gefangen ..." Der Fischer, endlich erwacht, taut jetzt auf und klopft dem Touristen beruhigend auf die Schultern. Dessen besorgter Gesichtsausdruck erscheint ihm als ein Ausdruck zwar unangebrachter, doch rührender Kümmernis.
„Ich habe sogar für morgen und übermorgen genug", sagt er, um des Fremden Seele zu erleichtern. „Rauchen Sie eine von meinen?"
„Ja, danke."
Zigaretten werden in die Münder gesteckt, ein fünftes Klick, der Fremde setzt sich kopfschüttelnd auf den Bootsrand, legt die Kamera aus der Hand, denn er braucht jetzt beide Hände, um seiner Rede Nachdruck zu verleihen.
„Ich will mich ja nicht in Ihre persönlichen Angelegenheiten mischen", sagt er, „aber stellen Sie sich mal vor, Sie führen heute ein zweites, ein drittes, vielleicht sogar ein viertes Mal aus, und Sie würden drei, vier, fünf, vielleicht gar zehn Dutzend Makrelen fangen – stellen Sie sich das mal vor."
Der Fischer nickt.
„Sie würden", fährt der Tourist fort, „nicht nur heute, son-

dern morgen, übermorgen, ja, an jedem günstigen Tag zwei-, dreimal, vielleicht viermal ausfahren – wissen Sie, was geschehen würde?“
Der Fischer schüttelt den Kopf.
„Sie würden sich spätestens in einem Jahr einen Motor kaufen können, in zwei Jahren ein zweites Boot, in drei oder vier Jahren vielleicht einen kleinen Kutter haben, mit zwei Booten und dem Kutter würden Sie natürlich viel mehr fangen – eines Tages würden Sie zwei Kutter haben, Sie würden ...“, die Begeisterung verschlägt ihm für ein paar Augenblicke die Stimme, „Sie würden ein kleines Kühlhaus bauen, vielleicht eine Räucherei, später eine Marinadenfabrik, mit einem eigenen Hubschrauber rundfliegen, die Fischschwärme ausmachen und Ihren Kuttern per Funk Anweisungen geben. Sie könnten die Lachsrechte erwerben, ein Fischrestaurant eröffnen, den Hummer ohne Zwischenhändler direkt nach Paris exportieren – und dann ...“, wieder verschlägt die Begeisterung dem Fremden die Sprache.
Kopfschüttelnd, im tiefsten Herzen betrübt, seiner Urlaubsfreude schon fast verlustig, blickt er auf die friedlich hereinrollende Flut, in der die ungefangenen Fische munter springen. „Und dann“, sagt er, aber wieder verschlägt ihm die Erregung die Sprache.
Der Fischer klopft ihm auf den Rücken, wie einem Kind, das sich verschluckt hat.
„Was dann?“, fragt er leise.
„Dann“, sagt der Fremde mit stiller Begeisterung, „dann könnten Sie beruhigt hier im Hafen sitzen, in der Sonne dösen – und auf das herrliche Meer blicken.“
„Aber das tu' ich ja schon jetzt“, sagt der Fischer, „ich sitze beruhigt am Hafen und döse, nur Ihr Klicken hat mich dabei gestört.“
III) Tatsächlich zog der solcherlei belehrte Tourist nachdenklich von dannen, denn früher hatte er auch einmal geglaubt, er arbeite, um eines Tages einmal nicht mehr arbeiten zu müssen, und es blieb keine Spur von Mitleid mit dem ärmlich gekleideten Fischer in ihm zurück, nur ein wenig Neid.

Um einen literarischen Text zusammenzufassen, solltest du Schritt für Schritt vorgehen:

1. Schritt: Sich einen Überblick verschaffen

1 *Lies den Text aufmerksam durch.*
a) Wo spielt die Geschichte?

___

b) Notiere zwei Textstellen mit Zeilenangaben, die auf den Ort der Handlung schließen lasen.

___

___

2. Schritt: Den Text genau durchlesen; Randbemerkungen machen und Unverstandenes klären

2 *a) Lies den Text genau und markiere am Rand Wörter oder Textstellen, die du nicht verstehst, mit einem Fragezeichen ?.*
b) Schlage die Bedeutung der unverstandenen Wörter in einem Wörterbuch nach oder versuche, die Bedeutung schwieriger Textstellen aus dem Textzusammenhang zu erschließen.
c) Umschreibe die Bedeutung der Wörter „Wellenkamm“ (Z. 6) und „eilfertig“ (Z. 15):

___

___

3. Schritt: Hauptabschnitte suchen und Teilüberschriften notieren

3 *Formuliere für die drei Teile der Geschichte Überschriften, die den Inhalt kurz zusammenfassen.*

I ___

II ___

III ___

4 *Gib den Handlungsverlauf der Geschichte in zwei Sätzen wieder.*

5 *Fasse die Argumentation des Touristen zusammen.*

6 *Der Fischer und der Tourist beantworten auf unterschiedliche Weise dieselbe Frage: „Wozu arbeiten wir?“ Fasse die beiden Antworten in je einem Satz zusammen.*

Der Fischer:

Der Tourist:

7 *a) Markiere die Textstellen, an denen die persönliche Meinung (Wertung) des Erzählers deutlich wird.*
b) Formuliere deine Vermutung, welche Absicht Heinrich Böll mit dieser Geschichte verfolgt haben könnte.

8 *Vergleiche die folgenden Einleitungen von Inhaltsangaben. Übe positive und negative Kritik, indem du deine Anmerkungen in die Randspalte schreibst. Markiere Falsches.*

VORSICHT FEHLER!

Text 1: Der vorliegende Text mit dem Titel „Anekdote“ stammt von Heinrich Böll. Er berichtet von einem Gespräch eines Touristen mit einem französischen Fischer. Heinrich Böll schreibt nicht aus der Sicht einer Person, sondern lässt einen „allwissenden“ Erzähler berichten.

Text 2: Ich habe die Aufgabe gestellt bekommen, den Inhalt der „Anekdote“ von Heinrich Böll wiederzugeben. Die Begebenheit, die erzählt wird, spielte im Hafen eines kleinen französischen Fischerdorfes. Dort ....

Text 3: Ein Tourist, der nicht mit Namen genannt wird, traf auf seinem Rundgang durch ein kleines französisches Fischerdorf auf einen schlafenden Fischer. Das Klicken seines Fotoapparates weckte schließlich den Fischer aus seinem Nachmittagsschlaf auf.

9 *Fasse den Text „Anekdote zur Senkung der Arbeitsmoral“ mit Hilfe deiner Ergebnisse aus den Aufgaben 1 bis 7 zusammen. Gehe dabei folgendermaßen vor:*

a) Stelle für die Einleitung der Inhaltsangabe wichtige Informationen zusammen.

Titel:

Autor:

Textart:

Ort und Zeit:

Personen:

Kernaussage des Textes:

b) Schreibe nun eine vollständige Einleitung in dein Heft.

10 *Der folgende Textauszug aus einer Inhaltsangabe enthält einige Fehler.*

a) Unterstreiche Falsches und bezeichne die Fehler in der Randspalte.

b) Streiche Überflüssiges durch.

VORSICHT FEHLER!

Nachdem das Klicken des Fotoapparates den alten Fischer aufgeweckt hatte, bot ihm der Tourist eine Zigarette an und versuchte mit ihm ins Gespräch zu kommen. Er prophezeite dem Fischer einen guten Fang. „Man hat mir gesagt, dass das Wetter günstig ist“. Da der Fischer nicht antwortete und er sich Sorgen um ihn machte, fragte er nach: „Oh, Sie fühlen sich nicht wohl?“ Die Reaktion des Fischers verunsicherte ihn immer mehr.

11 *Schreibe nun den Hauptteil der Inhaltsangabe in dein Heft. Der Merkkasten auf Seite 20 hilft dir dabei.*

12 *Überarbeite deine Inhaltsangabe mit Hilfe der Checkliste auf Seite 28.*

Übung zur Inhaltsangabe eines literarischen Textes

Gabriele Wohmann

Grün ist schöner (1960)

Ich bin ein grüner Mensch. Grün mit grünblauen Placken. Grüne Haut. Die Lippen von einem so schwärzlichen Grün, daß die Leute sich fürchten. Das wird überhaupt schlimm, wenn ich mal mehr unter Leute komme. In der Schule und dann als Erwachsener. Ich muß soviel wie möglich verdecken. Doktor Stempel hat auch immer Handschuhe an. Er hat Ekzem. Bei mir werden auch alle Leute neugierig darauf sein, was ich unter den Handschuhen habe. Sie werden denken, ich hätte Ekzem. Ich muß auch einen Namen dafür finden.

Das Kind drehte sich vor dem langen Badezimmerspiegel, betrachtete seinen nackten Körper, hob die stengeldünnen Ärmchen – alles grün, unten, oben; innen auch? Es trat näher an den Spiegel, streckte die Zunge heraus: finstre bläuliche Grünporen, ein fetter Grünlappen hing über die dunklen Lippen. Also auch innen grün. Es wischte den Tau seines Atems vom Glas, es lächelte sich zu: die blassen Zähne gefielen ihm.

Häßlich bin ich nicht. Nur unheimlich. Grüne Haut ist eigentlich schöner als braune oder rosige.

– Bist du schon im Wasser? rief die Stimme der Mutter die Treppe herauf und durch den Gangschlauch zu ihm ins Badezimmer. Bist du schon ein Frosch im Wasser?

Grüner Frosch im Wasser.

– Ja! schrie es.

Es patschte sich schnell die knisternden Schaumwolken, glitschte an der Wannenschräge hinunter und schwitzte und schnaubte.

Aber das grüne Gesicht wird jeder sehn. Grün mit grünblauen Sprenkeln und einer fast schwarzen Zunge hinter fast schwarzen Lippen. Ich trag das grüne Haar tief in der Stirn, später krieg ich auch einen Bart, der wird auch grün. Ich habe einen grünen Hals, ich winde immer einen Schal drumherum, der verdeckt auch den Nacken. Die Leute können denken, ich wär bloß im Gesicht grün. Alles andere ist normal. Ich sag: an den Händen hab ich Ekzem, deshalb die Handschuhe. Sonst zeigt man ja nichts. Ich werde immer lange Hosen tragen.

– Ist's schön im Wasser, du Frosch? rief die Mutter.

– Ja! schrie es.

Alle werden denken: wie ein Frosch sieht er aus. Aber ich kann natürlich nicht mit Mädchen und so, wie Dicki das macht, baden gehn. Ich bin ganz zurückhaltend, alle wollen mit mir baden gehn, alle Mädchen, immer werd ich gequält von allen Mädchen, baden zu gehn, aber ich bin ganz vornehm und ganz grün. Ich geh in der heißesten Sonne mit meinem Schal spazieren und mit den Handschuhen.

– Fröschlein, rief die Mutter, gleich komm ich und seh nach, ob du sauber bist.

Das Grüne wird mich natürlich von den andern absondern. Ich werd wie Onkel Walter: ein einsamer alter Mann. Nur schon, bevor ich alt bin.

Von der Badewanne aus konnte es in den Spiegel sehn. Es hob einen Arm aus dem Wasser: Schaumbläschen flüsterten; das nasse Grün glänzte, es sah schärfer und krasser aus als das trockne.

Schade, daß niemand je meine strahlende nasse Grünhaut sehn wird. Ich werde ein einsamer grüner Mann. Wie eine Schlange. Der Schlangenmann.

– Fröschlein, rief die Mutter, gleich hol ich dich raus!

– Ja, rief es.

Jetzt hab ich noch die Mutter, die weiß es. Später weiß es keiner mehr.

Es hörte die flinken Schritte auf der Treppe, im Gang.

Die Tür klaffte; es hielt die Hände vor die Augen, denn dazu hatte es gar keine Lust! Ein Strom frischer Luft zog herein, und die Mutter knipste die Höhensonne aus und schaltete das gelbe weiche Deckenlicht an und sagte:

– So, nun komm, mein blasser sauberer Froschmann. [R]

1 *a) Lies die Kurzgeschichte von Gabriele Wohmann „Grün ist schöner" genau durch.*
b) Beantworte in Stichworten folgende Fragen:

Wo findet die Handlung der Geschichte statt? ____________________

Wann spielt die Geschichte? ____________________

Welche Figuren kommen vor? ____________________

Worum geht es in der Geschichte ? ____________________

____

Wer erzählt die Geschichte? ____________________

____

c) Schreibe mit Hilfe deiner Antworten auf die vorangegangenen Fragen eine vollständige Einleitung für eine Textzusammenfassung. Beginne mit den Informationen zur Autorin, zum Titel und zur Textart.

____

____

____

____

____

2 *Die Kurzgeschichte hat eine äußere Handlung (das Geschehen) und eine innere Handlung (die Gedanken des Kindes).*
a) Markiere in zwei Farben Textstellen, die die äußere und die innere Handlung wiedergeben.
b) Fasse beide getrennt zusammen.

äußere Handlung	innere Handlung

3 *Schreibe eine Textzusammenfassung in dein Heft.*

TIPP

Eine Textzusammenfassung wird **sachlich** und ohne Spannungsaufbau verfasst. Deshalb solltest du zu Beginn der Zusammenfassung des Textes auf S. 24 kurz auf die grüne Färbung des Jungen eingehen. Denke daran: Wörtliche Rede musst du umformen.

Den Inhalt eines Sachtextes zusammenfassen

!

Die Inhaltsangabe eines Sachtextes informiert **kurz** und **sachlich** über den Inhalt und den Gedankengang des Textes. Es gelten grundsätzlich die gleichen Regeln wie für das Zusammenfassen literarischer Texte (▷ S. 20).

Die **Einleitung** informiert über:
- den Autor, die Autorin,
- den Titel,
- die Textart,
- ggf. die Quelle (Fundstelle: Wo ist der Text erschienen?) sowie
- die Kernaussage des Textes.

Im **Hauptteil** werden der Inhalt und der Gedankengang des Textes mit eigenen Worten wiedergegeben.

Zeitform ist das Präsens (bei Vorzeitigkeit Perfekt).
Der **Stil** ist sachlich und knapp. Zusammenhänge werden durch Konjunktionen und Adverbien verdeutlicht.
Fachbegriffe lassen sich oft nicht mit eigenen Worten wiedergeben, du kannst sie übernehmen.
Unverzichtbare Äußerungen des Textes werden als **indirekte Rede** oder als Aussagesatz wiedergegeben.

Wenn Wörter nichts sagen

In Deutschland können rund vier Millionen nicht lesen und schreiben

Anlässlich des Weltalphabetisierungstages am Montag hat sich das Bundesbildungsministerium besorgt geäußert: „Starke Schreibschwächen weisen sogar Schüler auf. Betriebe klagen über fehlende Schlüsselqualifikationen wie Schreiben, Lesen und Rechnen. Mit solchen Schwächen ist es schwer, eine Lehrstelle zu bekommen." Noch schwieriger werde die Arbeitssuche, wenn gar kein Abschluss vorliege. 1996 hätten aber rund 79 000 Jugendliche die Hauptschulen ohne Abschluss verlassen. Analphabeten gehören zu einer gesellschaftlichen Gruppe, die oft völlig orientierungslos ist, aber aus Schamgefühl von sich aus so gut wie nie Hilfe einfordert; sie können keine Hinweisschilder lesen und auch Anzeigetafeln sind für sie keine Hilfe. In Deutschland haben rund vier Millionen deutschsprachige Menschen keine ausreichenden Lese- und Schreibkenntnisse. Einer von ihnen ist Anton Ehrlich ...

Von Marion Kraske

Hamburg. Der heute 33-Jährige ging acht Jahre zur Schule, schloss die Berufsschule und seine Lehre als Schreiner ab. Trotzdem hat seine Karriere einen Makel – Anton Ehrlich lernte nie lesen und schreiben. „Das Einzige, was ich nach der Schule konnte, war mein Name und ‚doof'." Der Mann ist kein Einzelfall: Nach Angaben der UNESCO leben in hoch entwickelten Industrieländern zahlreiche Menschen, die nicht lesen und schreiben können. Schätzungen zufolge liegt die Zahl der Betroffenen zwischen 0,75 und drei Prozent; Erhebungen über das genaue Ausmaß gibt es nicht. „Die Dunkelziffer ist noch höher", glaubt der Geschäftsführer der Bundesarbeitsgemeinschaft Alphabetisierung, Peter Hubertus. „Aus Angst vor Bloßstellung ist die Schamgrenze bei den Betroffenen enorm hoch, mit ihrem Problem an die Öffentlichkeit zu gehen."

Analphabetismus ist in Deutschland nach Aussage von Experten in der Regel auf ein Versagen der Schulen zurückzuführen. „Manche Schüler werden von Klasse zu Klasse versetzt, ohne am Ende ihrer Schulzeit auch nur einfachste Sätze lesen oder schreiben zu können", so Hubertus.

Die Bundesarbeitsgemeinschaft appelliert daher an die

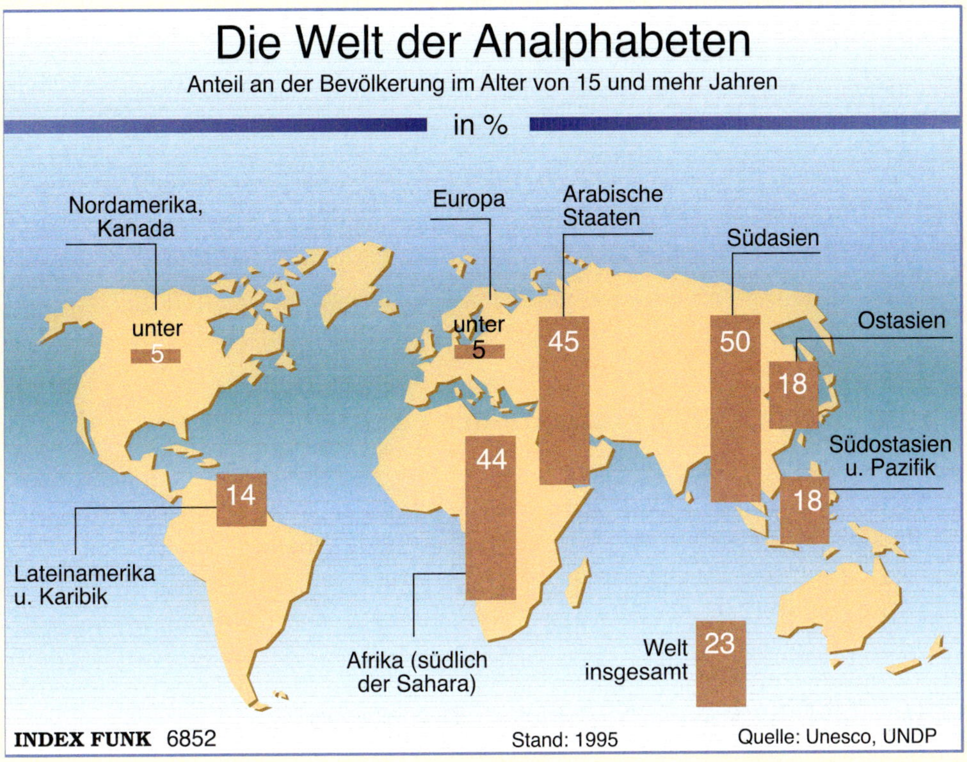

sich die Betroffenen an. „Ich habe mich durchgemogelt, indem ich einzelne Buchstaben einfach nachgemalt habe – ohne zu wissen, was sie heißen", sagt Ehrlich. Der Chef der Schreinerwerkstatt habe bis zu seinem Weggang nichts gemerkt.

Mit fortschreitender Technisierung und steigenden Arbeitslosenzahlen wachsen die Probleme von Analphabeten. Ohne minimale Lese- und Schreibkenntnisse kommen die Betroffenen selbst in praktischen Berufssparten nicht unter; Arbeitslosigkeit ist programmiert.

Lehrer, Leseschwierigkeiten nicht auf die leichte Schulter zu nehmen.

Eine zweite Gruppe von Analphabeten hat Grundkenntnisse erworben, dann aber vieles wieder vergessen. Ihre Fähigkeiten reichen nicht aus, um im Alltag zurechtzukommen. Auch Anton Ehrlich war den täglichen Anforderungen nicht gewachsen: „Bei den Ämtern habe ich meine Formulare immer ausfüllen lassen. Wenn ich die Leute nicht kannte, war mir das egal."

Um im Arbeitsleben klarzukommen, suchen sich viele Analphabeten Jobs, in denen Lese- oder Schreibfähigkeiten nicht erforderlich sind. „Sie gehen in Handwerksberufe – also in praktische Arbeitsfelder – und versuchen, sich dort über Wasser zu halten", sagt Monika Tröster vom Deutschen Institut für Erwachsenenbildung in Frankfurt. Dinge für den alltäglichen Gebrauch eignen

Um den Betroffenen zu helfen, bieten viele Einrichtungen seit Jahren spezielle Kurse an. Bundesweit sind es derzeit 430 Institutionen, zu 80 Prozent die Volkshochschulen. Betroffene können sich zudem am Alfa-Telefon (02 51 / 53 33 44) von Hubertus und seinen Kollegen beraten lassen.

Auch Ehrlich hat den Schritt gewagt und besucht seit drei Jahren zweimal wöchentlich einen Lese- und Schreibkurs. „Mit 30 habe ich das erste Mal den Sinn der Buchstaben begriffen." Die Vorstellung, dass seine heute dreijährige Tochter bald in die Schule kommt und lesen lernt, habe ihn motiviert. „Wenn man durch die Stadt geht und alle Schilder lesen kann – das ist schon ein tolles Gefühl."

Aachener Zeitung

Um den Inhalt eines Sachtextes zusammenzufassen, solltest du Schritt für Schritt vorgehen:

1. Schritt: Sich einen Überblick verschaffen

1 *Lies zunächst die Überschrift und betrachte das Schaubild. Schreibe dann auf, worum es in dem Text geht.*

2. Schritt: Den Text genau durchlesen; Randbemerkungen machen und Unverstandenes klären

2 a) *Lies den Text genau und markiere am Rand Wörter oder Textstellen, die du nicht verstehst, mit einem Fragezeichen ?.*
b) *Schlage die Bedeutung der unverstandenen Wörter in einem Wörterbuch nach oder versuche, die Bedeutung schwieriger Textstellen aus dem Textzusammenhang zu erschließen.*

3. Schritt: Schlüsselwörter markieren

3 *Markiere im Text alle Schlüsselwörter, also die Begriffe, die besonders wichtig sind. Markiere insgesamt nicht zu viel, sonst verlierst du den Überblick.*

4. Schritt: Text in Sinnabschnitte gliedern; Kerninformationen eines jeden Sinnabschnitts zusammenfassen

4 a) *Gliedere den Text durch Querstriche in Sinnabschnitte. Orientierung geben dir dabei die Absätze im Druckbild des Textes, deine markierten Schlüsselbegriffe und die Frage: „Wo beginnt ein neuer Gedanke?“*
Vorsicht: Weniger ist mehr – zerstückle den Text nicht.
b) *Fasse die Kerninformationen eines jeden Abschnitts in Stichworten oder in einem kurzen Satz zusammen. Schreibe in dein Heft.*

5 *Fasse den Text mit Hilfe deiner Notizen aus Aufgabe 4 zusammen. Gehe dabei folgendermaßen vor:*
a) *Stelle für die Einleitung der Inhaltsangabe wichtige Informationen zusammen.*

Titel: ______________________________

Autor: ______________________________

Textart: ______________________________

Quelle (Fundstelle, wo der Text erschienen ist): ______________________________

Kernaussage (ein Satz): ______________________________

____

____

b) *Fasse nun den Text in deinem Heft zusammen. Achte auf die Gliederung in Einleitung und Hauptteil. Der Merkkasten auf S. 26 hilft dir dabei.*

6 *Überarbeite deine Inhaltsangabe mit Hilfe der folgenden Checkliste.*

TIPP

Checkliste zur Inhaltsangabe

- ☐ Hast du das Wesentliche wiedergegeben?
- ☐ Gibt es Einzelheiten, die du weglassen könntest?
- ☐ Hast du den Text mit eigenen Worten zusammengefasst?
- ☐ Wird als Tempus das Präsens, bei Vorzeitigkeit das Perfekt verwendet?
- ☐ Ist die wörtliche Rede als indirekte Rede oder als Aussagesatz wiedergegeben?
- ☐ Werden Zusammenhänge (Ursache und Wirkung, zeitliche Zusammenhänge etc.) durch Konjunktionen und Adverbien treffend benannt?

Übung zur Inhaltsangabe eines Sachtextes

Ulrich Dewald

Klänge aus der Tiefsee geben Forschern Rätsel auf

Die Tiefsee ist erfüllt von unheimlichen Klängen, berichten Wissenschaftler des Pacific Marine Environmental Laboratory in Newport (USA). Mit hochfeinen, in vielen hundert Metern Tiefe installierten Unterwassermikrofonen lauschen sie der seltsamen Kakophonie der Ozeane: den Gesängen der Wale, dem Heulen unterseeischer Vulkane, dem Rumpeln von Erdbeben oder dem Stampfen der Schiffsmotoren. Doch manchmal dringen auch rätselhafte Töne in die Mikrofone der Forscher – Geräusche, die niemand erklären kann. Stammen sie von Eisbergen in der Antarktis, deren Knarzen über Tausende von Kilometern zu hören ist? Ist es das Glucksen von Riesenkraken?

„Bluup“ machte es 1997 irgendwo im Pazifik. Das Geräusch war so laut, dass es 4800 Kilometer entfernte Sensoren noch registrierten. Der Ton schien von einem Lebewesen zu stammen, vermuteten die Forscher [...] des Pazifik-Forschungslabors. Vielleicht von einem jener sagenhaften Riesenkraken, um die sich viele Seemannsgeschichten ranken? Oder von einem anderen, bisher unbekannten Wesen? Fragen, die bisher keiner der Meeresbiologen sicher beantworten kann, denen die Wissenschaftler die Aufnahmen vorgespielt haben.

Gewissheit haben die Forscher um den Meeresakustiker Christopher Fox zumindest bei der Aufnahme eines so genannten Tremors – ein bedrohliches, lange anhaltendes Heulen, mal ansteigend, dann wieder schwächer werdend, das einen erschauern lässt. Es ist das Summen eines unterseeischen Vulkans vor der japanischen Küste, bei dem aufsteigendes Magma die Erde in Schwingung versetzt. Die Wissenschaftler des Pazifik-Forschungslabors nahmen den unheimlichen Ton im Mai 1998 zum ersten Mal auf und konnten ihn über Monate hinweg immer wieder wahrnehmen. Für das menschliche Ohr hörbar ist eine solche Aufnahme nur, wenn sie mit zehnfacher Geschwindigkeit abgespielt wird. Gleiches gilt für die tiefen Brummtöne der Wale, mit denen sich die Meeresriesen über Hunderte von Kilometern verständigen. Die auf dem Meeresboden installierten Mikrofone und eine trickreiche Elektronik erlauben es den Forschern, solche Gesänge zu orten und so beispielsweise die Weltmeere zu beobachten.

Ermöglicht hat solche Aufnahmen erst das Ende des Kalten Krieges. Um die Positionen der U-Boote des feindlichen Ostblocks bestimmen zu können, begann die US-Navy bereits in den Fünfzigerjahren, am Meeresgrund befestigte Unterwassermikrofone zu installieren. Diese wurden an „sound channels“ (Klangkanälen) aufgebaut – Bereiche, in denen sich der Schall über große Entfernungen hinweg ausbreiten kann, da er immer wieder zurück in den Kanal reflektiert wird. Die Mikrofone sind extrem sensibel: Würde ein Walkman irgendwo in der Tiefsee versenkt, könnten sie die Musik aus dem Kopfhörer in einer Entfernung von mehreren Kilometern noch wahrnehmen. [...]

Bild der Wissenschaft online, 2002

1 *Erschließe die Informationen dieses Artikels, indem du folgende Arbeitsschritte durchführst:*
- ☐ *Lies den Text genau, markiere am Rand Wörter oder Textstellen, die du nicht verstehst, mit einem Fragezeichen ?, schlage dann deren Bedeutung in einem Wörterbuch nach oder versuche, die Bedeutung aus dem Textzusammenhang zu erschließen.*
- ☐ *Markiere im Text alle Schlüsselwörter, also die Begriffe, die besonders wichtig sind.*

2 *Im Text kommen einige Fremdwörter vor. Welche Bedeutung ein Fremdwort hat, hängt auch vom Textzusammenhang ab. Kreuze bei den genannten Bedeutungen diejenige an, welche am besten zum entsprechenden Satz im Text passt.*

Kakophonie (Z. 5)	☐ Missklang	☐ schlecht klingende Folge von Lauten	
Sensor (Z. 13)	☐ elektronischer Fühler	☐ Signalmesser	
registrieren (Z. 14)	☐ selbsttätig aufzeichnen	☐ in ein Register eintragen	☐ einordnen
	☐ sachlich feststellen	☐ bewusst wahrnehmen	
Akustik (Z. 22)	☐ Lehre vom Schall	☐ Schalltechnik	☐ Klangwirkung
orten (Z. 38)	☐ die Position ermitteln	☐ die Lage bestimmen	
reflektieren (Z. 48)	☐ nachdenken, erwägen	☐ zurückstrahlen, spiegeln	
sensibel (Z. 48)	☐ Reize aufnehmend	☐ empfindsam, empfindlich	

3 *Fasse die Kerninformationen eines jeden Abschnitts zusammen. Gehe dabei folgendermaßen vor:*

a) Der kursiv gedruckte Teil eines Zeitungsartikels fasst meistens den Inhalt des Textes zusammen. Überprüfe, welche W-Fragen der Einleitungstext (Z. 1–11) beantwortet.

Wer? ______________________________

Was? ______________________________

Wo? ______________________________

Wann? ______________________________

Wie? ______________________________

____

Warum? ______________________________

____

b) Der Text ist in vier Abschnitte gegliedert. Notiere zu jedem Abschnitt eine kurze Überschrift.

Abschnitt 1: ______________________________

Abschnitt 2: ______________________________

Abschnitt 3: ______________________________

Abschnitt 4: ______________________________

4 *a) Fasse nun den Text in deinem Heft zusammen. Achte auf die Gliederung in Einleitung und Hauptteil. Der Merkkasten auf S. 26 hilft dir dabei.*

b) Überarbeite deine Inhaltsangabe mit Hilfe der Checkliste auf Seite 28.

Zur Erinnerung: Aktiv und Passiv

Aktiv und Passiv sind zwei Verbformen, die man bei der Darstellung von Handlungen und Vorgängen unterscheidet.

- Sätze, in denen die Handlungsträger als Subjekt erscheinen, stehen in der Verbform **Aktiv**, z. B.: *Die Stadt München **baut** ein neues Stadion.*
- Sätze, in denen mit dem Subjekt des Satzes etwas geschieht, stehen in der Verbform **Passiv**, z. B.: *Das Stadion **wird** (von der Stadt München) für zwei Vereine **gebaut**: den TSV 1860 München und den FC Bayern München.*

In Passivsätzen kann der Handlungsträger mit „von" und „durch" genannt werden.
Gebildet wird das Passiv mit dem Hilfsverb „werden" in der entsprechenden Tempusform + Partizip II des Handlungsverbs (hier: „bauen").

1 *Unterstreiche im folgenden Text alle Passivsätze.*

Am 30. Mai 2005 war es endlich so weit: Das neue Fußballstadion des TSV 1860 München und des FC Bayern München konnte eingeweiht werden. In nur drei Jahren Bauzeit wurden damit die futuristisch anmutenden Pläne in die Wirklichkeit umgesetzt. Wegen seiner außergewöhnlichen Form wird dieses Stadion schon jetzt, zu den am meisten beachteten Fußballarenen der Welt gezählt. Insbesondere die Außenhaut, die in den beiden Vereinsfarben beleuchtet wird, erregt große Aufmerksamkeit. Nicht weniger als 25 000 rote, blaue und weiße Lampen wurden installiert. 66 000 Zuschauer haben im Stadion einen Platz – und zwar einen Sitzplatz! Das Herzstück der Arena, der Rasen, wurde kurz vor der Eröffnung auf 20 Schwerlastzügen aus dem oberbayerischen Waidhofen angeliefert und innerhalb von zwei Tagen verlegt. Trotz der Überdachung des Stadions wurde ein gutes Rasenwachstum sichergestellt, da die transparente Außenhülle 98 Prozent des UV-Lichtes passieren lässt. Auch für eine ausreichende Belüftung des Rasens wurde gesorgt: Der Wind kann von jeder Himmelsrichtung unter dem Baukörper hindurch über das Spielfeld streichen.

2 *Forme folgende Sätze vom Aktiv ins Passiv um.*

Am 30. Mai 2005 übergab das leitende Bauunternehmen das Stadion offiziell an die beiden Fußballvereine.

Fans und Medienvertreter bestaunten beim ersten Spiel im neuen Stadion die beeindruckende Technik.

Unter großem Jubel führten zwei Spieler des TSV 1860 München den Eröffnungs-Doppelpass aus.

Verben: Modus

!

Man unterscheidet in der Sprache **verschiedene Aussage*weisen* des Verbs**, die so genannten Modi (Pl.; Sg. Modus):
- **Indikativ** (Wirklichkeitsform): „Der Mann *kommt* gerne."
- **Konjunktiv** (Möglichkeitsform):
- – Konjunktiv I – „Er sagte, er *komme* gern."
- – Konjunktiv II – „Er sagte, er *käme* gern."

Der **Konjunktiv I** wird durch den Stamm des Verbs (Infinitiv ohne „-en") + die entsprechende Personalendung gebildet. Typisch für diese Endungen ist das eingefügte „-e-" in einigen Formen:

ich komm-*e*	wir komm-*e-n*
du komm-***e***-st	ihr komm-***e***-t
er komm-***e***	sie komm-*e-n*

Der Konjunktiv I wird verwendet:
- in der **indirekten Rede**, z. B.: „Der Trainer rief, der Torschütze *solle* hochleben."
- für **Wünsche**, **Aufforderungen** oder **Ausrufe**, z. B.: „Er *lebe* hoch!"
- in **festen Redewendungen**, z. B.: „*Komme*, was wolle."

1 *Unterstreiche im folgenden Ausschnitt des Gedichts „Das Göttliche" (1783) von Johann Wolfgang Goethe alle Verben, die im Konjunktiv I stehen.*

Johann Wolfgang Goethe
Das Göttliche

Edel sei der Mensch,
Hülfreich[1] und gut!
Denn das allein
Unterscheidet ihn
Von allen Wesen,
Die wir kennen.

Heil den unbekannten
Höhern Wesen,
Die wir ahnen!
Ihnen gleiche der Mensch;
Sein Beispiel lehr uns
Jene glauben.

Denn unfühlend
Ist die Natur:
Es leuchtet die Sonnen
Über Bös' und Gute,
Und dem Verbrecher
Glänzen wie dem Besten
Der Mond und die Sterne.

[...]

Der edle Mensch
Sei hülfreich und gut!
Unermüdet schaff[2] er
Das Nützliche, Rechte,
Sei uns ein Vorbild
Jener geahneten Wesen!

[1] **hülfreich:** altertümlich für „hilfreich"

[2] **schaff:** Abkürzung für „schaffe"

2 *Setze das Gedicht in deinem Heft fort, indem du eigene Forderungen formulierst, wie sich der Mensch heutzutage verhalten möge. Verwende den Konjunktiv I.*

3 *a) Lege in deinem Heft oder am PC eine Tabelle nach folgendem Muster an.*
b) Konjugiere die angegebenen Verben im Konjunktiv I Präsens in allen Personalformen durch.

Personalform	dürfen	haben	können	mögen	müssen	werden	wollen
1. Person Singular	ich dürfe						

c) Umkreise alle Personalformen, die sich nicht vom Indikativ Präsens unterscheiden lassen.

!

Der **Konjunktiv II** wird vom Indikativ Präteritum des Verbs abgeleitet (oft mit Umlaut, d.h. Wechsel von a, o, u, au zu ä, ö, ü, äu), z. B.:

ich lief – ich lief-***e***	wir trugen – wir trüg-***e***-n
du gingst – du ging-***e***-st	ihr nahmt – ihr nähm-***e***-t
er kam – er käm-***e***	sie wurden – sie würd-***e***-n

Der Konjunktiv II wird verwendet,

- wenn eine **Aussage** oder **Bedingung** als nur gedanklich Vorgestelltes ausdrücken soll, z. B.: „Wenn ich reich *wäre*, *würde* ich um die Welt *reisen*."
- um einen **höflichen Wunsch** oder eine **Vermutung** zu äußern, z. B.: „*Würdest* du bitte das Fenster *schließen*?" „So *müsste* es klappen."
- um sich in der **indirekten Rede** vom Inhalt einer gemachten Aussage, die man für unwahr hält, zu distanzieren, z. B.: „Er sagt, er *hätte* die Hausaufgabe *erledigt*."

4 *Unterstreiche im folgenden Gedicht von Peter Härtling „Wenn jeder eine Blume pflanzte" alle Verben im Konjunktiv II.*

Peter Härtling

Wenn jeder eine Blume pflanzte

Wenn jeder eine Blume pflanzte,
jeder Mensch auf dieser Welt,
und, anstatt zu schießen, tanzte
und mit Lächeln zahlte statt mit Geld –
wenn ein jeder einen andern wärmte,
keiner mehr den andern schlüge,
keiner sich verstrickte in der Lüge,
wenn die Alten wie die Kinder würden,
sie sich teilten in den Bürden,
wenn dies WENN sich leben ließ,
wär's noch lang kein Paradies –
bloß die Menschenzeit hätt angefangen,
die in Streit und Krieg uns beinah ist vergangen.

5 *Schau dir den folgenden Cartoon von Uli Stein an: Was würde passieren, wenn der Kater eine eigene Fernbedienung hätte? Schreibe mit Hilfe der Satzbausteine eine kleine Geschichte in dein Heft.*
Beachte: Alle deine Aussagen sind irreal, darum musst du den Konjunktiv II verwenden.

Beispiel: Wenn der Kater eine eigene Fernbedienung hätte, säße er den ganzen Tag auf dem Sofa herum.

sitzt den ganzen Tag auf dem Sofa

ihr Mann ist froh, wenn der Kater wieder mit ihm um die Fernbedienung streitet

vergisst das Mäusejagen

die Mäuse werden immer mehr

die Mäuse plündern die Vorratskammer

Frau Müsli hat keine Kekse mehr

Frau Müsli nörgelt abends andauernd an ihrem Mann herum

Indirekte Rede

!

- Anwendung findet der **Konjunktiv I** vor allem in der **indirekten Rede**. Sie signalisiert, dass die Äußerung eines anderen Sprechers wiedergegeben wird, z. B.:

  Ein chinesischer Politiker sagt: „Jede Familie *darf* nur ein Kind bekommen."

  Ein chinesischer Politiker fordert, jede Familie *dürfe* nur ein Kind bekommen.

- Wenn der Konjunktiv I (im Textzusammenhang) nicht vom Indikativ Präsens zu unterscheiden ist, wählt man den **Konjunktiv II als Ersatzform**, z. B.:
  Die Familien sagten, sie *zürnen* über den Eingriff in ihr Selbstbestimmungsrecht.

  Die Familien sagten, sie *zürnten* über den Eingriff in ihr Selbstbestimmungsrecht.

- Ist der Konjunktiv II nicht vom Indikativ Präteritum zu unterscheiden oder wird er als unschön oder ungewöhnlich empfunden, verwendet man die **Ersatzform mit „würde"**, z. B.:

  Der Politiker meinte, die Ein-Kind-Politik Chinas *hülfe*, das Problem zu lösen.
  → Konjunktiv II ungewöhnlich

  Der Politiker meinte, die Ein-Kind-Politik Chinas *würde helfen*, das Problem zu lösen.

6 a) *Unterstreiche im folgenden Text alle Prädikate im Konjunktiv.*

Nur ein Kind für Chinas Zukunft

❶ Ein Sprecher der chinesischen Regierung wies bei einer Pressekonferenz darauf hin, dass die Einwohnerzahl des Landes zurzeit rund 1,3 Milliarden Menschen betrage. ❷ Die Versorgung der Menschen mit Nahrung werde daher zunehmend schwierig. ❸ Es sei dringend nötig, die vorhandenen Ackerflächen intensiver zu nutzen und mit Hilfe der Gentechnik die Ernteerträge zu erhöhen. ❹ Er betonte, dass mögliche Gefahren beim Einsatz von gentechnisch verändertem Saatgut reine Spekulation wären und bisher nicht bewiesen werden könnten. ❺ Außerdem sei es nötig, das Bevölkerungswachstum zu bremsen. ❻ Viele Menschen würden bereits Hunger leiden. ❼ Zudem würden gegenwärtig über zehn Millionen Jugendliche arbeitslos sein. ❽ Die Regierung versuche daher seit 1979 die so genannte Ein-Kind-Politik durchzusetzen, nach der jede Familie bis auf wenige Ausnahmen nur ein Kind bekommen dürfe. ❾ Diese Politik werde insbesondere seit 1990 besonders streng gehandhabt. ❿ Eltern, die nur ein Kind bekämen, würden für dieses Kindergeld oder Lohnerhöhungen, zusätzlichen Urlaub und die Garantie auf eine spätere Rente erhalten. ⓫ Habe eine Familie den Wunsch, zwei Kinder zu bekommen, so müsse sie beim zuständigen Nachbarschaftskomitee eine Erlaubnis einholen. ⓬ Bei allen ungeplanten Schwangerschaften sei eine Abtreibung erforderlich, wenn man nicht mit hohen Strafen rechnen wolle. ⓭ Uneheliche Kinder würden zwangsweise abgetrieben. ⓮ Nur so halte es China für möglich, das Ernährungsproblem zu lösen. ⓯ Überdies würden die Erfolge belegen, dass dies der richtige Weg sei.

b) *Schreibe die unterstrichenen Prädikate mit den Nummern der Sätze in dein Heft und bestimme, ob der Konjunktiv I, II oder die Ersatzform mit „würde" gewählt wurde. Gib für alle Fälle, in denen nicht der Konjunktiv I steht, eine Begründung an.*

(1) betrage (Konj. I);

!

Für die Wiedergabe von Äußerungen anderer gibt es neben der indirekten Rede noch andere Möglichkeiten, z. B.:

- die **wörtliche Rede**, z. B.: Er betonte: „Einst gab es in China nichts Wichtigeres als die Familie und nichts Geringeres als die Frau."
- das **Zitat**, das in den eigenen Satz eingebaut wird, z. B.: Heute jedoch würden die Frauen „im Beruf nach Erfolg streben."
- die **Infinitivkonstruktion**, z. B.: Es sei für die Frauen daher nicht mehr so wichtig, viele Kinder zu bekommen.
- die **Paraphrase**, d. h. die freie, nicht wörtliche Wiedergabe einer fremden Äußerung, z. B.: Er mahnte zur Einhaltung des Gesetzes.
- den **dass-Satz**, in dem die indirekte Rede auch im Indikativ wiedergegeben werden kann: Er betonte, dass Einzelkindern leichter die teure Ausbildung ermöglicht werden kann.

Heimliche Kinder

Ein Journalist hat auf einer China-Reise mit einem Bergbauern über die Ein-Kind-Politik gesprochen.

7 *Lies , was Gou Xiling, ein armer Bauer aus einem Bergdorf in der Provinz, dem Journalisten erzählt hat.*

„Wir dürfen hier zwei Kinder haben, weil wir in einem Dorf in den Bergen leben. Wir brauchen bei der harten Arbeit viel Hilfe, und wer soll uns helfen, wenn nicht die eigenen Kinder? Unser erstes Kind war eine Tochter, das war schon schlimm genug. Von der Ein-Kind-Politik halte ich gar nichts, wir sind hier auf viele Kinder angewiesen, am besten Söhne. Wer soll uns denn im Alter versorgen? Etwa der Staat? Von den Politikern haben wir nichts zu erwarten. Uns blieb gar nichts anderes übrig, als ein drittes Kind zu bekommen. Nach der Geburt haben wir es bei meinem Bruder versteckt, damit es niemand entdeckt. Zum Glück wird hier die Zahl der Kinder kaum überprüft. In der Stadt sind die Behörden aber strenger."

TIPP

Benutze bei der Einleitung einer indirekten Rede **aussagekräftige** und **treffende Verben**, z. B.: „er betonte", „er gab zu bedenken", „er stellte fest". Vermeide dagegen die stete Verwendung von „er sagte".

8 *Forme den Text zu einem stilistisch abwechslungsreichen Artikel für die Schülerzeitung um. Nutze alle Formen der Redewiedergabe aus dem vorangegangenen Merkkasten.*

a) Sammle zur Vorbereitung einige Verben des Sagens und Meinens und schreibe sie auf.

---

b) Schreibe den umformulierten Text in dein Heft.

Indirekte Rede – Ersatzformen für den Konjunktiv I
Häufig signalisiert der Konjunktiv I, dass eine Äußerung in indirekter Rede wiedergegeben wird.
Wenn der Konjunktiv I jedoch nicht vom Indikativ Präsens zu unterscheiden ist, wählt man als Ersatzform den **Konjunktiv II**.
Dies ist vor allem in der 1. Person Singular sowie in der 1. und 3. Person Plural der Fall, z. B.:
Indikativ: „sie sollen"; Konjunktiv I: „sie sollen"; Konjunktiv II: „sie sollten" –
Der Lehrer meinte, Jugendliche *sollten* mehr auf den Einfluss von Werbeanzeigen achten.

9 *Schülerinnen und Schüler diskutieren über die Bedeutung der Werbung in unserer Gesellschaft.*
Entscheide, an welchen Stellen der Konjunktiv I und wo der Konjunktiv II als Ersatzform verwendet werden muss.
Unterstreiche die Ersatzformen.
Falls du dir nicht sicher bist, wie der ▷ Konjunktiv II gebildet wird, schau auf Seite 33 nach.

① Martin behauptet, die Illustrierten ______________ (haben) auf jeder zweiten Seite Werbeanzeigen. Bei der Fülle dieser Anzeigen ____________ (auffallen) eine einzelne Anzeige doch gar nicht mehr ____________ .

② Karin ergänzt, wegen der Informationsüberflutung ________________ (wahrnehmen) die Menschen die Informationen nur noch bruchstückhaft ____________ . Von den zwei Sekunden, in denen der Leser laut Statistik eine Anzeigenwerbung ____________________ (ansehen), ________________ (entfallen) etwa eine Sekunde auf die Betrachtung des Bildes. Deshalb ________________ (enthalten) eine Werbeanzeige heute häufig mehr Bild- als Textelemente.

③ Klaus entgegnet, ohne Werbung ______________________ (herankommen) die Firmen gar nicht an ihre Kunden ______________ und die Kunden ___________________________ (erfahren) nichts vom Angebot der Firmen.

④ Rüya wirft ein, die Werbeanzeigen ______________ (geben) uns das Gefühl, dass wir die Waren ________________ (brauchen), um uns glücklich zu fühlen. Wir _________________________ (geraten) damit ganz schön in Abhängigkeit von der Werbung und den angepriesenen Konsumartikeln. Diese suggestive Einflussnahme ________________ (sehen) viele Menschen als Manipulation.

⑤ Volker dagegen findet, die Werbeanzeigen ______________________ (versprechen) zwar das Blaue vom Himmel, aber sie _________________________ (zwingen) uns doch nicht zum Kauf von Waren.

⑥ Annette gibt zu bedenken, wir ______________________ (wissen) gar nicht genau, wie stark uns Werbeanzeigen doch unbewusst ___________________________ (beeinflussen).

⑦ Yasemin pflichtet bei, wenn man in der Werbung hundertmal glückliche Menschen in tollen Autos gesehen ____________ (haben), ____________________ (glauben) man schließlich selbst, dass Autofahren glücklich ________________ (machen), ohne genau zu wissen, warum.

!

Ersatzformen für den Konjunktiv II
Wenn der Konjunktiv II nicht vom Indikativ Präteritum zu unterscheiden ist, verwendet man als Ersatz meist die **Umschreibung mit „würde"**:
„sie schrieben" (Präteritum Indikativ) → „sie schrieben" (Konjunktiv II) → „sie würden schreiben"
Dies ist bei allen regelmäßigen Verben und teilweise auch bei den unregelmäßigen Verben der Fall.
„sie öffnete" (Prät. Ind.) → „sie öffnete" (Konj. II) → „sie würde öffnen"
„sie blieben" (Prät. Ind.) → „sie blieben" (Konj. II) → „sie würden bleiben"

Auch wenn der Konjunktiv II als ungebräuchlich oder unschön empfunden wird, kann man die Ersatzform mit „würde" bilden, z. B.: „sie hülfen" → „sie würden helfen".

10 *Fülle die Lücken, indem du auf die Formulierungen in den Kästen zurückgreifst. Entscheide, ob der Konjunktiv I, der Konjunktiv II oder die Ersatzform mit „würde" verwendet werden sollte.*

① Sebastian warnt vor der Verteufelung der Werbung, denn die Werbung *habe auch positive gesellschaftliche*
auch positive gesellschaftliche

Auswirkungen ______. Denn wo ______
Auswirkungen haben — stehen die deutschen Medien

ohne die Milliarden-Einnahmen aus der Werbung? Die Tageszeitungen ______
ohne Werbung

______ und die öffentlich-rechtlichen Funkanstalten
das Dreifache kosten

______.
die Gebühren verdoppeln müssen

② Kathrin äußert die Ansicht, dass ______
die Wirkungen der Werbung grotesk überschätzt werden

______. Jeder ______
einfach weghören oder abschalten können

______. Bei allen, die zum Beispiel ______,
keinen Rasenmäher brauchen

______,
auch die besten Werbetechniken nicht wirken

weil sie sich die Werbung gar nicht ______. Die Menschen
anschauen

______.
sich also nicht so leicht beeinflussen lassen

Satzreihe und Satzgefüge/Zeichensetzung

!

Ein zusammengesetzter Satz, der aus zwei oder mehr Hauptsätzen besteht, wird **Satzreihe** genannt, z.B.: „Theodor Storm wurde im Jahre 1817 in Husum geboren, er arbeitete als Kreisrichter in Heiligenstadt, aber er war auch als Schriftsteller tätig."
Im Modell lässt sich diese Satzreihe so darstellen:

Sätze in einer Satzreihe werden durch **Komma** voneinander getrennt. Dieses entfällt nur, wenn die Hauptsätze durch eine der folgenden Konjunktionen verbunden sind: „und", „oder", „beziehungsweise", „weder ... noch", „entweder ... oder".

Ein Satz, der aus einem Hauptsatz und einem oder mehreren Nebensätzen besteht, wird **Satzgefüge** genannt. Einen **Nebensatz** erkennt man an folgenden Merkmalen:

- Die **Personalform des Verbs** steht **am Ende**.
- Er wird meist durch eine **unterordnende Konjunktion** (z. B. „dass", „wenn", „weil", „obwohl") oder ein Relativpronomen (z. B. „der", „die", „das", „welcher", „welche", „welches") eingeleitet.

Ein Nebensatz wird vom Hauptsatz durch **Komma** getrennt. Eingeschobene Nebensätze werden von Kommas eingeschlossen (auch wenn der Satz nach dem Einschub mit „und" oder „oder" weitergeführt wird).

Beispiel für ein Satzgefüge:
„Storm schrieb Novellen, die die Landschaft und die Menschen seiner Küstenheimat schildern, und Gedichte, in denen er Themen wie Liebe oder Familie behandelt."
Ein Stufenmodell macht die Struktur dieses Satzgefüges deutlich:

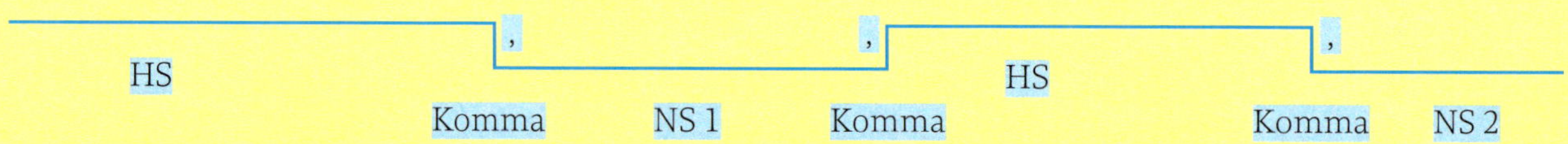

1 *a) Unterstreiche im folgenden Text die Hauptsätze* **rot** *und die Nebensätze* **grün**. *Setze dann fehlende Kommas.*
b) Umkreise anschließend die Kommas und überprüfe, ob du alle Zeichensetzungsregeln beachtet hast.

Brief Theodor Storms an seine Eltern, Heiligenstadt, 19.12.1858

Wie unendlich gemütlich war das einst vor Jahren zu Hause wenn in der großen Stube die Lichter angezündet waren der Teekessel sauste die braunen Kuchen und Pfeffernüsse standen auf dem Tisch Vater und wir Kinder warteten dort auf Lorenzen und Onkel Woldsen während drüben in der Wohnstube der Weihnachtstisch arrangiert wurde. Wie oft wurden wir getäuscht wenn statt der erwarteten Gäste eine Schar singender Kinder in die Haustür drängte. Aber dann ging's erst einmal hinunter in die Küche wo der große Kessel über dem Herdfeuer stand und wo schon die ersten Futjen[1] auf der Siebschüssel lagen. Jedes Mal wenn ich Onkel Woldsens mir noch erhaltene Geschenke zu Gesicht bekomme danke ich dem Mann für die Freude die er mir als Kind an so manchem Weihnachtsabend gemacht hat und jetzt wo ich es so gern noch möchte und wo es nicht mehr möglich ist kann ich nicht begreifen dass ich ihm in späteren Jahren niemals wieder meinen Dank ausgesprochen habe aber vergessen ist es nicht.

[1] **Futjen:** ein in Schleswig-Holstein beliebtes Schmalzgebäck

2 *Wähle zwei Satzgefüge aus Storms Brief aus und lege in deinem Heft entsprechende Stufenmodelle an.*

Subjektsätze und Objektsätze

Subjektsätze und Objektsätze sind **Gliedsätze**, weil sie die Stelle eines Satzgliedes einnehmen. Sie übernehmen die Rolle des Subjekts bzw. des Objekts für den Hauptsatz und lassen sich genauso wie Subjekt oder Objekt durch Satzgliedfragen ermitteln.

Beispiele:
- „*Dass viele Jugendliche das Buch lesen*, ist sehr erfreulich."
  Frageprobe: **Wer oder was** ist sehr erfreulich? → „*Dass viele das Buch lesen* ... ." → **Subjektsatz**
- „Die Geschichte zeigt, *dass sich Fantasie und Pflichtbewusstsein nicht ausschließen*."
  Frageprobe: **Wen oder was** zeigt die Geschichte? → „Sie zeigt, *dass sich Fantasie ... nicht ausschließen*." → **Objektsatz**

Wie alle Nebensätze werden Subjekt- oder Objektsätze vom Hauptsatz mit **Komma** abgetrennt.

Frederik Hetmann
Bettina und Achim

Achim von Arnim

Bettina Brentano (1785–1859) war eine deutsche Schriftstellerin. Sie war das siebte von zwölf Kindern des Großkaufmanns Peter Anton Brentano und seiner Frau Maximiliane. Schon früh verlor sie die Eltern und wuchs zuerst in einem Kloster, dann bei ihrer Großmutter, der Dichterin Sophie von La Roche, in Offenbach auf.

Bettina Brentano erlebt mit acht Jahren dass ihre Mutter stirbt. Als Erwachsene schreibt sie über sich: „Das Kind kann's nicht begreifen dass man nicht mehr da sein könnte." Der Vater meint dass Bettina in einem Internat am besten aufgehoben sei. Sie kommt in das Ursulinen-Kloster nach Fritzlar. Das Mädchen freut sich dass es musizieren, tanzen und die Pflanzen im Klostergarten pflegen kann. Ihre erwachsenen Geschwister aber argwöhnen dass bei Bettina – gemessen an den Normen der Zeit – eine „Verwilderung" stattfindet. So kritisieren sie dass ihre Schwester nicht regelmäßig an den Vater nach Frankfurt schreibt. Über die erwachsene Bettina Brentano schreibt Charlotte von Kalb dass es ihr an Schalkheit, Laune, angeborenem Reichtum und Leichtsinn keiner gleichtue.

1 a) *Setze die fehlenden Kommas im obigen Text.*
b) *Unterstreiche die Inhaltssätze und markiere jeweils das Verb im Hauptsatz, von dem sie abhängen.*

!

Subjekt- und Objektsätze können unterschiedliche Formen annehmen.

Beispiele	Formen von Subjekt- und Objektsätzen
„Bettina freut sich, *dass sie musizieren kann.*“	dass-Satz
„Nach dem Tod des Vaters stellt sich die Frage, *wer Bettinas Vormund wird.*“ „Die Halbbrüder überlegen, *ob sie Bettina zu sich nehmen sollen.*“	indirekter Fragesatz, eingeleitet z. B. mit „ob“, „warum“, „wie“
„Sie stellen sich darauf ein, *Bettinas Erziehung zu übernehmen.*“	Infinitivsatz

Infinitivsätze bestehen aus einem Infinitiv mit „zu“ und mindestens einem weiteren Wort, z. B.: „Schließlich stellten sich Anton und Franz darauf ein, *die Erziehung Bettinas zu übernehmen.*“

Infinitivsätze müssen in vielen Fällen durch ein Komma abgetrennt werden.
Man kann deshalb Fehler vermeiden, wenn man immer ein Komma setzt, z. B.:
„Die Brüder bitten Bettina, *nicht alle Kleider zu zerreißen.*“

2 *Unterstreiche die Subjekt- und Objektsätze und bestimme ihre Form. Setze die Kommas.*

1. Dann schlägt die Großmutter Sophie von Laroche vor die Enkelin Bettina zu sich nach Offenbach zu nehmen. — 1. Infinitivsatz
2. Bettina ist froh aus der Großstadt in eine ländlichere Gegend zu kommen. — 2. ______
3. Die Großmutter hat Verständnis dafür dass das lebhafte Mädchen alles Gekünstelte ablehnt. — 3. ______
4. Hin und wieder rafft sich Sophie von Laroche aber doch dazu auf Bettina erzieherische Vorhaltungen zu machen. — 4. ______
5. Die Enkelin soll einsehen dass man es ohne systematisches Lernen zu nichts bringt. — 5. ______
6. Es gehe doch nicht an dass man die Feder übers Papier schnurren lasse ohne auf Punkt und Komma zu achten und dabei Bethmann in Bettmann umbenenne. — 6. ______
7. Schließlich fragt die Großmutter Bettina ob sie nicht Latein lernen wolle. — 7. ______
8. Bettina verspricht dies zu tun. — 8. ______
9. Draußen klettert Bettina dann aber auf einen Baum und flüstert ihm zu: „Ich nehm's zurück dass ich Latein lernen will. — 9. ______
10. Mach dass Großmutter nicht darüber traurig ist.“ — 10. ______
11. Bettina weiß nicht dass sie ihrer verstorbenen Mutter sehr ähnelt und die Großmutter ihr deshalb vieles nachsieht. — 11. ______
12. Von Bettinas Mutter wird berichtet dass Goethe in sie verliebt gewesen sei. — 12. ______

Sophie von Laroche

Adverbialsätze

!

Nebensätze, die die Rolle eines Satzgliedes übernehmen können, nennt man Gliedsätze.
Ein **Gliedsatz**, der die Stelle einer **adverbialen Bestimmung** einnimmt, heißt **Adverbialsatz**.
Ein Adverbialsatz wird durch Komma vom Hauptsatz getrennt.

Wegen revolutionärer Unruhen (adverbiale Bestimmung) / Weil es revolutionäre Unruhen gab, (Adverbialsatz) flüchtete die Familie Adelbert von Chamissos 1790 aus Frankreich.

Adelbert von Chamisso

Adelbert von Chamisso war Naturforscher und Dichter und wurde 1781 in Frankreich geboren. 1792 verließen die Eltern Frankreich und zogen weiter durch die Niederlande und Süddeutschland, bis sie sich 1796 in Berlin niederließen. Obwohl Französisch Chamissos Muttersprache war, schrieb er als Dichter auch in der deutschen Sprache. Sein bekanntestes Werk ist die Erzählung „Peter Schlemihls wundersame Geschichte". 1838 starb Chamisso in Berlin.

1 *Forme in den folgenden Sätzen die markierten adverbialen Bestimmungen in Adverbialsätze um. Achte auf die Kommasetzung.*

1. Während ihrer jahrelangen Reisen durch die Niederlande und Deutschland litt Chamissos Familie große Not.

Während sie jahrelang durch die Niederlande und Deutschland reiste, litt Chamissos Familie große Not.

2. Nach dem Militärdienst widmete sich Chamisso umfassenden Naturstudien.

3. Aufgrund seines Gefühls der Zerrissenheit zwischen Frankreich und Deutschland schrieb Chamisso französische und deutsche Verse.

4. Zum Studium der Natur nahm er ab 1815 als Botaniker an einer dreijährigen Weltumseglung teil.

5. Mit Hilfe vieler Schriften zur Botanik und Zoologie machte sich Chamisso unter den Wissenschaftlern Berlins einen Namen.

!

Es gibt verschiedene **Arten von Adverbialsätzen**. Adverbialsätze lassen sich danach unterscheiden, welche Art von adverbialer Bestimmung sie ersetzen. Man erkennt sie häufig an den einleitenden Konjunktionen:

1. **Temporalsätze** geben ein Zeitverhältnis an, z. B. „als", „nachdem";
2. **Konditionalsätze** geben eine Bedingung an, z. B. „wenn", „falls", „sofern";
3. **Konsekutivsätze** geben eine Folge oder Wirkung an, z. B. „sodass", „dass";
4. **Kausalsätze** geben einen Grund oder eine Ursache an, z. B. „weil", „da";
5. **Finalsätze** geben eine Absicht oder einen Zweck an, z. B. „dass", „damit"; häufig: „um" + Infinitiv mit „zu";
6. **Konzessivsätze** geben eine Einräumung an, z. B. „obwohl", „wenngleich", „obgleich";
7. **Modalsätze** geben die Art und Weise an, z. B. „indem".

2 *a) Unterstreiche im folgenden Text alle Adverbialsätze.*
b) Füge die fehlenden Kommas ein.
c) Bestimme die Art der unterstrichenen Adverbialsätze, indem du zunächst einen passenden Fragesatz formulierst.

Adelbert Chamisso – wie aus einem jungen Mann ein rechter Kerl wird

❶ Damit aus ihm „in einigen Jahren ein gemachter Mann und ein rechter Kerl" werde beschließt Chamisso 1812 Naturwissenschaftler zu werden. ❷ Obwohl das Studium viel Zeit erfordert schreibt er zudem an der Erzählung „Peter Schlehmihls wundersame Geschichte". ❸ In der Geschichte verführt der Teufel den Helden Schlemihl indem er ihm große Reichtümer verspricht. ❹ Wenn ihm Schlemihl seinen Schatten verkaufe werde dessen Geldsäckel stets gefüllt sein. ❺ Nachdem Schlemihl eingewilligt hat bemerkt er bald seinen Fehler. ❻ Ohne Schatten ist er allen unheimlich sodass er aus der Gesellschaft ausgeschlossen wird. ❼ Als ihm der Teufel seinen Schatten zum Preis seiner Seele zurückgeben will lehnt Schlemihl ab. ❽ Fernab aller Zivilisation studiert er die Natur und schreibt seine Beobachtungen auf sodass er schließlich von großem Nutzen für die gesamte Menschheit ist. ❾ Da das Buch ein sensationeller Erfolg wird ist Chamisso mit einem Mal ein gemachter Mann. ❿ Um endlich aber auch als rechter Kerl zu gelten und – wie Schlemihl – seinen Mitmenschen von Nutzen zu sein verfolgt er weiterhin seine botanischen Studien und wird so zu einem angesehenen Wissenschaftler.

Satz ❶:

Fragesatz: Weshalb beschließt Chamisso 1812 Naturwissenschaftler zu werden?

Art des Adverbialsatzes: Finalsatz (Zweck)

Satz ❷:

Fragesatz: ______

Art des Adverbialsatzes: ______

Satz ❸:

Fragesatz: ______

Art des Adverbialsatzes: ______

Satz 4:

Fragesatz: ______

Art des Adverbialsatzes: ______

Satz 5:

Fragesatz: ______

Art des Adverbialsatzes: ______

Satz 6:

Fragesatz: ______

Art des Adverbialsatzes: ______

Illustration von Adolf Schroeter (1805–1875) zu einer Ausgabe des „Schlemihl" von 1836

Adelbert von Chamisso (Pastell, um 1815, Künstler unbekannt)

Satz 7:

Fragesatz: ______

Art des Adverbialsatzes: ______

Satz 8:

Fragesatz: ______

Art des Adverbialsatzes: ______

Satz 9:

Fragesatz: ______

Art des Adverbialsatzes: ______

Satz 10:

Fragesatz: ______

Art des Adverbialsatzes: ______

Partizipialsätze

!

Partizipgruppen, die im Satz die Funktion von Nebensätzen übernehmen, heißen **Partizipialsätze**:

1616 im schlesischen Glogau geboren wuchs Andreas Gryphius in den unruhigen Zeiten des Dreißigjährigen Krieges auf.

Man kann diesen Satz in einem Stufenmodell so darstellen:

wuchs ... auf.

1616 ... *geboren* HS

Partizipialsatz

Ein Partizipialsatz **kann** immer durch ein **Komma** vom übergeordneten Satz abgegrenzt werden, wenn man die Gliederung des Satzes verdeutlichen will. Das Komma **muss** aber nur in den folgenden Fällen gesetzt werden:

- Wenn durch **ein hinweisendes Wort** auf den Partizipialsatz Bezug genommen wird:
  1616 im schlesischen Glogau geboren, **so** wuchs Andreas Gryphius in den unruhigen Zeiten des Dreißigjährigen Krieges auf.
- Wenn der Partizipialsatz als **Einschub** die gewöhnliche Satzstellung unterbricht:
  Andreas Gryphius, *1616 im schlesischen Glogau geboren*, wuchs in den unruhigen Zeiten des Dreißigjährigen Krieges auf.
- Wenn der Partizipialsatz einen **Nachtrag** darstellt:
  Andreas Gryphius wuchs in den unruhigen Zeiten des Dreißigjährigen Krieges auf, *1616 im schlesischen Glogau geboren.*

1 *a) Stelle die folgenden Sätze in einem Stufenmodell dar.*
b) Entscheide, in welchen Sätzen ein Komma gesetzt werden muss, und trage die fehlenden Kommas ein.

1. Seinen Vater früh durch den Krieg verloren habend wuchs Gryphius bei seinem Stiefvater Michael Eder auf.

2. Das evangelische Gymnasium Glogau im Zuge der Religionsstreitigkeiten der Zeit geschlossen besuchte Gryphius bis 1628.

3. Auch seine Mutter verloren habend so besuchte Gryphius anschließend Gymnasien in Görlitz, Fraustadt und Danzig.

4. Gryphius eigentlich Greif heißend gab seinem Namen eine lateinische Form wie damals unter Gebildeten verbreitet.

2 *Grenze im folgenden Text die Partizipialsätze mit Kommas ab, wo es notwendig ist oder wo du die Gliederung des Satzes verdeutlichen willst.*

Durchdrungen vom Gedanken der menschlichen Vergänglichkeit veröffentlichte Andreas Gryphius 1637 mit 21 Jahren seine ersten Sonette. Als Hauslehrer die Söhne des Hofpfalzgrafen Georg Schönborner unterrichtend so begleitete er diese auf eine Reise in die Niederlande. Er blieb in der niederländischen Stadt Leiden Naturwissenschaften, Sprachen und Staatslehre studierend. Gryphius studiert und weit gereist kehrte nach Fraustadt zurück dort 1649 seine Frau Rosina Deutschländer heiratend. Vier Söhne und drei Töchter habend ließ er sich schließlich wieder in Glogau nieder.

Ab 1650 war er von den Dichtern und Gelehrten seiner Zeit hochgeehrt Syndicus (Rechtsberater) der Stände des Fürstentums Glogau. 1652 wurde er in die bedeutendste Sprachgesellschaft seiner Zeit die „Fruchtbringende Gesellschaft" genannt aufgenommen. 1664 während einer Sitzung der Glogauer Stände am Schlaganfall gestorben gilt Gryphius heute als der bedeutendste Lyriker des Barock. Neben seinen Sonetten in aller Welt gerühmt schrieb er auch zahlreiche Dramen. Andreas Gryphius' gesammelte Werke erschienen 1698 veröffentlicht von seinem Sohn Christian.

TIPP

Partizipialsätze können einer knappen und präzisen Formulierung dienen, stilistisch wirken sie jedoch manchmal umständlich. Eleganter ist es häufig, statt des Partizipialsatzes zum Beispiel einen Nebensatz zu wählen.

3 *a) Lies die vorangegangenen Sätze über Andreas Gryphius erneut. Welche Sätze wirken sprachlich ungeschickt auf dich? Markiere sie.*
b) Formuliere die markierten Sätze um.

Relativsätze

Nebensätze, die mit einem Relativpronomen (z. B. „der“, „die“, „das“ oder „welche“, „welcher“, „welches“) eingeleitet werden, heißen **Relativsätze**. Relativsätze nehmen oft die Stellung eines Attributs ein, sie heißen dann auch Attributsätze.
Wie ein Attribut gibt ein Relativsatz **nähere Informationen über sein Bezugswort** und kann nur zusammen mit diesem umgestellt werden.
Ein Relativsatz wird durch **Komma(s)** vom übergeordneten Satz abgetrennt, der das Bezugswort enthält.

Die von Annette von Droste-Hülshoff im Jahre 1842 veröffentlichte Novelle „Die Judenbuche“ handelt von
Attribut

Mord und Sühne, von Verstrickung und Schuld.

Die Novelle „Die Judenbuche“, die von Annette von Droste-Hülshoff im Jahre 1842 veröffentlicht wurde,
Relativpronomen Relativsatz

handelt von Mord und Sühne, von Verstrickung und Schuld.

1 *Umkreise in den folgenden Sätzen die Relativpronomen und ergänze die fehlenden Kommas.*

Die Hauptfigur der „Judenbuche“ ist Friedrich Mergel der durch äußere Umstände sowie falschen Ehrgeiz ins gesellschaftliche Abseits gerät und zum Verbrecher wird. Das Handlungszentrum das Droste-Hülshoff für ihre Novelle gewählt hat ist die Judenbuche: Dort geschieht der Mord am Juden Aaron und dort begeht Friedrich Mergel Selbstmord. Das Geschehen das rätselhafte Züge aufweist bleibt für unterschiedliche Deutungen offen.

2 *Markiere im folgenden Ausschnitt aus der Novelle „Die Judenbuche“ die Infinitivsätze und die Relativsätze mit jeweils unterschiedlicher Farbe. Umkreise die Relativpronomen und die dazugehörigen Bezugswörter.*
Setze die Kommas bei Relativsätzen.

Herr von S. war auf dem Heimwege verstimmt, die jedesmalige Folge, wenn der Wunsch, seine Popularität aufrechtzuerhalten, ihn bewog, solchen Festen beizuwohnen. Er sah schweigend aus dem Wagen. „Was sind denn das für ein paar Figuren?“ – Er deutete auf zwei dunkle Gestalten die vor dem Wagen rannten wie Strauße. Nun schlüpften sie ins Schloss. – „Auch ein paar selige Schweine aus unserm eigenen Stall!“, seufzte Herr von S. Zu Hause angekommen, fand er den Hausflur vom ganzen Dienstpersonal eingenommen das zwei Kleinknechte umstand welche sich blass und atemlos auf der Stiege niedergelassen hatten. Sie behaupteten, von des alten Mergels Geist verfolgt worden zu sein, als sie durchs Brederholz heimkehrten. Zuerst hatte es über ihnen an der Höhe gerauscht und geknistert; darauf hoch in der Luft ein Geklapper wie von aneinandergeschlagenen Stöcken; plötzlich ein gellender Schrei und ganz deutlich die Worte: „Oh weh, meine arme Seele!“ hoch von oben herab. Der eine wollte auch glühende Augen durch die Zweige funkeln gesehen haben und beide waren gelaufen, was ihre Beine vermochten.
„Dummes Zeug!“, sagte der Gutsherr verdrießlich und trat in die Kammer, sich umzukleiden. Am andern Morgen wollte die Fontäne im Garten nicht springen und es fand sich, dass jemand eine Röhre verrückt hatte, augenscheinlich um nach dem Kopfe eines vor vielen Jahren hier verscharrten Pferdegerippes zu suchen der für ein bewährtes Mittel wider allen Hexen- und Geisterspuk gilt. „Hm“, sagte der Gutsherr, „was die Schelme nicht stehlen das verderben die Narren.“

„das“ oder „dass“?

!

Die **Konjunktion „dass“** leitet einen Nebensatz ein, der durch Komma vom Hauptsatz abgetrennt wird. Häufig handelt es sich bei diesen Nebensätzen um **Subjekt- oder Objektsätze**, die man mit „Wer oder was ...?“ bzw. „Wen oder was ...?“ erfragen kann, z. B.: „Kao-tai erkennt, dass es ihn in eine fremde Welt verschlagen hat.“ → Frage: Wen oder was erkennt Kao-tai?

Das Wort **„das“** kann drei unterschiedliche grammatische Funktionen haben, die **Ersatzprobe** mit „dies/e/r“, „jene/r“ oder „welche/r“ hilft bei der Entscheidung über die Wortart:

1. Bestimmter **Artikel**
   Ersatzprobe mit dem unbestimmten Artikel oder einem Demonstrativpronomen:
   „*Das* Haus war sehr groß.“ → „*Ein/Dieses/Jenes* Haus war sehr groß.“
2. **Demonstrativpronomen**
   Ersatzprobe mit einem anderen Demonstrativpronomen:
   „So ein hohes Haus, *das* wusste er mit Sicherheit, hatte er noch nie gesehen.“ → „... , *dies* wusste er, ...“
3. **Relativpronomen**
   Das Relativpronomen leitet einen Relativsatz ein und hat ein Bezugswort im Hauptsatz.
   Ersatzprobe mit dem Pronomen „welches“:
   „Das Volk der Ba Yan, *das* München bewohnt, erschien ihm äußerst seltsam.“ →
   „Das Volk der Ba Yan, *welches* München bewohnt, erschien ihm äußerst seltsam.“

Der folgende Textauszug stammt aus einem 1986 erschienenen Roman von Herbert Rosendorfer: „Briefe in die chinesische Vergangenheit“. Ein chinesischer Mandarin aus dem 10. Jahrhundert gerät mit einer Zeitmaschine ins München der Gegenwart. In Briefen, die er in die Vergangenheit schickt, berichtet er seinem Freund Dji-gu von seinen Erlebnissen.

1 *Setze ein: „das“ oder „dass“? Entscheide, um welche Wortart es sich jeweils handelt, und trage den zugehörigen Buchstaben ein: Konjunktion* Ⓚ, *Artikel* Ⓐ, *Demonstrativpronomen* Ⓓ, *Relativpronomen* Ⓡ.

Treuer Freund Dji-gu,

die Zukunft ist ein Abgrund. Was ich hier erlebe, __das__ (D) ist so vollständig anders als ________ ( ), was du kennst und was ich gewohnt bin, ________ ( ) ich gar nicht weiß, womit ich meine Schilderung beginnen soll. Tausend Jahre, ________ ( ) weiß ich nun, sind ein Zeitmaß, ________ ( ) der Verstand nicht fassen kann. Tausend Jahre sind ein so gewaltiger Berg von Zeit, ________ ( ) selbst die kühnsten Vögel fantastischer Gedanken ihn nicht zu überfliegen vermögen. Ich bin sehr glücklich, ________ ( ) ich den Kontaktpunkt wieder gefunden habe. Unser K'ai-feng hat sich so vollständig geändert, ________ ( ) ich meine, ________ ( ) müsste eine andere Stadt sein. ________ ( ) hängt vielleicht damit zusammen, ________ ( ) der Fluss seinen Lauf geändert hat; er fließt jetzt fast genau nach Norden. Wie ________ ( ) alles zugegangen ist, kann ich mir nicht vorstellen. Ich traue unseren barbarischen Enkeln sogar ________ ( ) Unmögliche zu, ________ ( ) sie die Hügel abgetragen haben. Bete, ________ ( ) ich gesund zurückkehre.

Grüße mir meine Shiao-shiao. Kao-tai

Sprachentwicklung: Erbwort, Lehnwort, Fremdwort

!

Der Wortschatz der deutschen Sprache setzt sich aus drei verschiedenen Gruppen von Wörtern zusammen: aus **Erbwörtern**, aus **Lehnwörtern** und aus **Fremdwörtern**.

Die **Erbwörter** gehen auf die Vorläufer unserer heutigen Sprache zurück: das **Indogermanische**, eine Sprachfamilie, die sich schon vor der Bronzezeit (1700 v. Chr.) zwischen Westeuropa und Indien entwickelt hatte, und das **Germanische**, das sich in Mittel- und Osteuropa nach der so genannten Ersten Lautverschiebung um 2000 bis 500 v. Chr. herausbildete und bis etwa 600 bis 800 n. Chr. gesprochen wurde.
Da sich aus dem Indogermanischen u. a. auch das Griechische und Lateinische, später das Englische, Französische und Italienische entwickelten, finden sich in diesen Sprachen viele **ähnliche Erbwörter**. Beispiel: indogermanisch „mātér" (rekonstruiert) → *Mutter* (dt.), *mother* (engl.), *mater* (lat.), *mama* (it.), *mère* (frz.).

Die folgende Abbildung zeigt eine in Runenschrift überlieferte Version des „Vaterunser" und ihre Übertragung in lateinische Schrift. Die Handschrift entstand ca. 390 n. Chr. und ist in Gotisch, das der germanischen Sprachfamilie zuzurechnen ist, abgefasst.

1 a) *Lies den folgenden Text rechts genau durch.*
b) *Schreibe alle Wörter heraus, die sich – in veränderter Form – bis heute in unserem Wortschatz erhalten haben.*

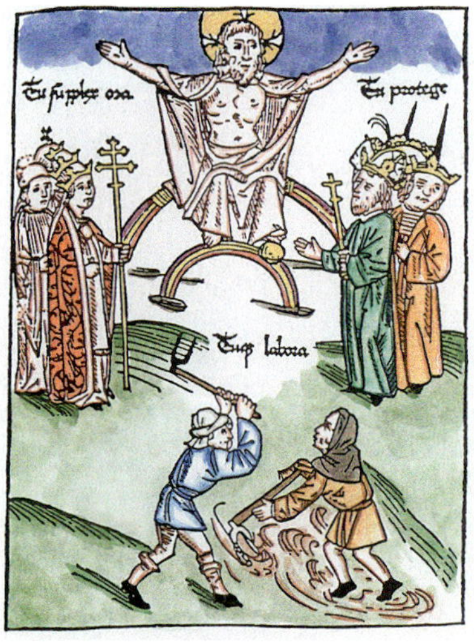

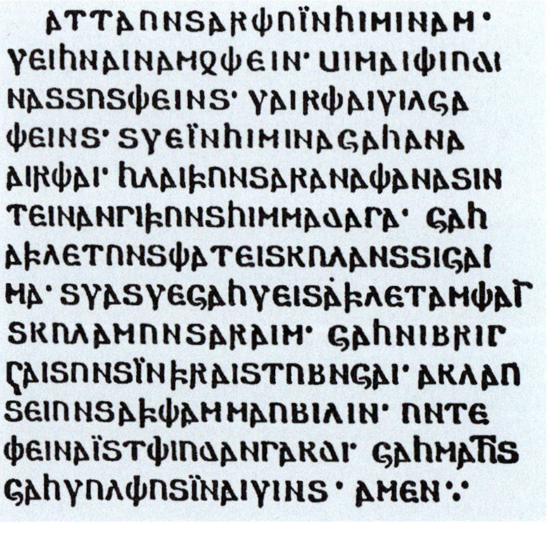

Atta unsar thu in himinam: weihnai namo thein. Qimai thiudi[-]nassus theins. Wairthai wilja theins, swe in himina jah ana airthai. Hlaif unsarana thana sin[-]teinan gif uns himma daga. Jah aflet uns thatei skulans sijai[-]ma, swaswe jah weis afletam thai˜ skulam unsaraim. Jah ni brig[-]gais uns in fraistubnjai, ak lau[-]sei uns af thamma ubilin. Unte theina ist thiudangardi jah mahts jah wulthus in aiwins. Amen[1].

[1] **Amen:** Herkunft hebräisch („amen"; wahrlich, es geschehe)

Atta = Vater; ______________________

____

____

____

2 *Finde heraus, welche Erbwörter sich hinter den folgenden Begriffen verbergen (zur Herkunft: got. = gotisch, ahd. = althochdeutsch, asächs. = altsächsisch).*

badi (got.): Bett ______, banc (ahd.): ______, bloma (got.): ______,

spado (asächs.): ______, spek (ahd.): ______, gans (ahd.): ______,

seifa (ahd.): ______, kuning (ahd.): ______, hana (got.): ______,

hako (asächs.): ______, bloth (got.): ______, prot (ahd.): ______.

Schon früh unterlagen das Germanische und später das Deutsche auch dem Einfluss anderer Sprachen. Aus diesen Sprachen übernommene Wörter, die in ihrer Aussprache, Schreibung und Flexion vollständig **an das Deutsche angeglichen** wurden, bezeichnet man als **Lehnwörter**.
Beispiele: „Fenster" (von lat. *fenestra*), „Bluse" (von franz. *blouse*), „Streik" (von engl. *strike*).

3 *Setze die fehlenden Anlegesteine mit den lateinischen Begriffen so ein, dass jedes neuhochdeutsche Lehnwort an sein jeweiliges Ursprungswort grenzt. Schlage in einem Lexikon nach, um das lateinische Anfangs- und Schlusswort zu ermitteln.*

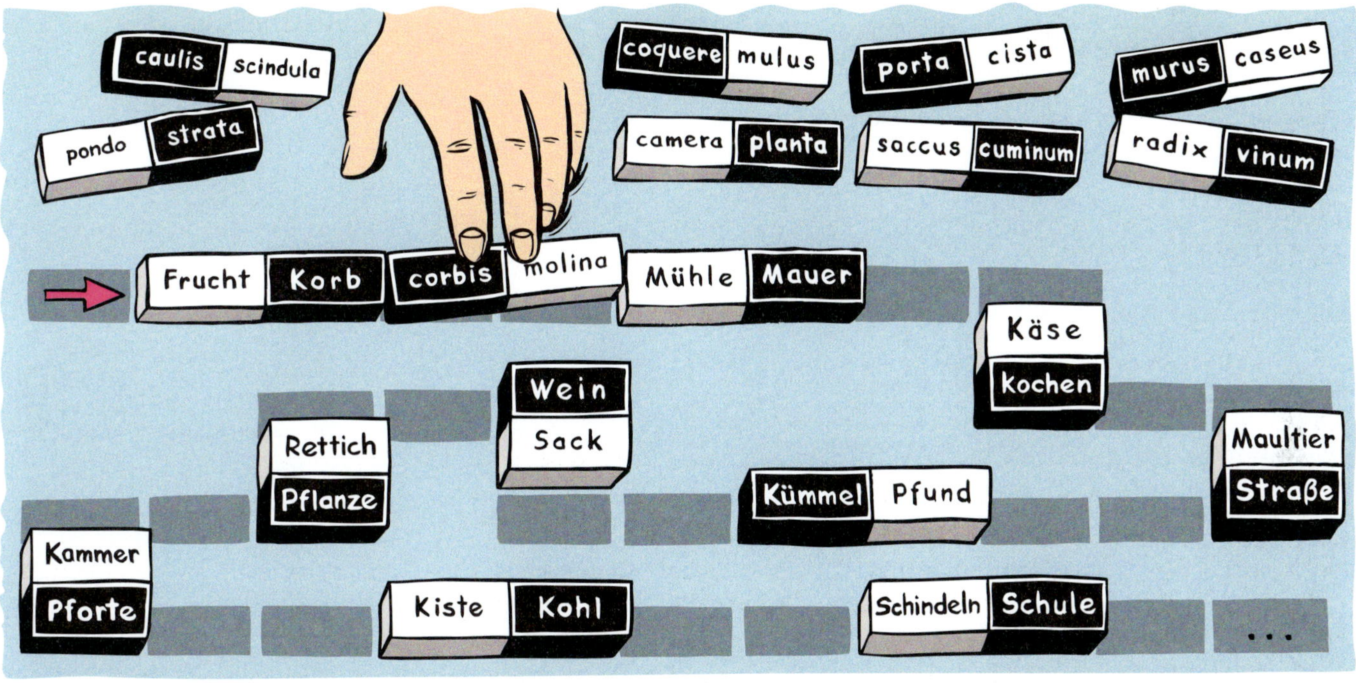

Aus anderen Sprachen übernommene Wörter, die im Gegensatz zum Lehnwort in ihrer Aussprache, Schreibung oder Flexion **nicht oder nur teilweise an das Deutsche angeglichen** wurden, bezeichnet man als **Fremdwörter** (▷ S. 60). Besonders viele Fremdwörter stammen aus der Zeit des Humanismus (14.–16. Jh.), als vor allem Wörter aus dem Griechischen oder Lateinischen übernommen wurden (z. B. „Gymnasium", „Philosophie"). Heute werden die meisten Wörter aus dem Englischen übernommen („Anglizismen"; z. B. „Videoclip", „Golden Goal").

4 *Unterstreiche im folgenden Text alle Fremdwörter.*

Im Internet unterwegs

Was für die ältere Generation noch undenkbar war, ist heute gang und gäbe: Mit einem Mausklick ist man im Internet. Der Browser hilft einem auf dem Datenhighway zu Homepages zu surfen, Downloads auf dem eigenen Computer zu speichern und mit Hilfe von Links zwischen den Websites hin und her zu springen. E-Mails und das Gespräch im Chatroom ermöglichen die schnelle Kommunikation. Daten können so in ungeahntem Tempo ausgetauscht werden. Allerdings birgt das Internet auch so manches Problem: Wer vor Freude über die Segnungen der Multimedia-Welt nicht vorsichtig ist, wird feststellen, dass seine Festplatte jede Menge Cookies enthält, die Computerviren den Zugriff auf das System ermöglichen.

Merkmale und Leistung der Mundart

!

Als **Mundart** oder **Dialekt** bezeichnet man eine **mündliche**, **örtlich gebundene Ausdrucksform**, die der Schriftsprache vorausgeht. Im Gegensatz dazu ist die Standardsprache (Hochdeutsch) überregional gültig.
In Bayern werden im Großen und Ganzen drei Mundarten gesprochen: die **bairische**, die **fränkische** und die **schwäbische Mundart**. Jede dieser Mundarten lässt sich wiederum nach einzelnen Regionen differenzieren (z. B. Nordbairisch, Mittelbairisch, Südbairisch).
Die Mundarten unterscheiden sich vom Hochdeutschen in der **Aussprache** und im **Bau der Wörter** (Wortform), in der **Wortbedeutung** und zum Teil auch im **Satzbau**. So weichen zum Beispiel die mundartlichen Varianten des Wortes „Tag" deutlich in der Aussprache und in der Bildung der Pluralform von den Formen im Hochdeutschen ab:

	Standardsprache	**Bairisch**	**Fränkisch**	**Schwäbisch**
Singular	Tag	Doog	Dooch	Daag
Plural	Tage	Doog	Dooch	Daag

1 a) *Übertrage die folgenden bekannten Sprichwörter ins Hochdeutsche.*

Mit dem is ned goud Kärrschen essen. (Fränkisch)

Do liegd dr Has em Pfeffr. (Schwäbisch)

Dobbed gnahd hoid bessa! (Bairisch)

b) *Markiere alle Unterschiede zwischen den mundartlichen Wendungen und deiner hochdeutschen Übertragung. Achte auf Unterschiede in der Aussprache und in der Wortform.*

c) *Besprich mit deinem Tischnachbarn, wie sich bei der Übertragung ins Hochdeutsche die Wirkung der Sprichwörter auf den Zuhörer verändert. Entscheidet, welche Variante die ausdrucksstärkere ist.*

2 *Entscheide, welcher Mundart (Bairisch, Fränkisch, Schwäbisch) die folgenden Sprichwörter zugeordnet werden können, und bestimme ihre Bedeutung. Als Hilfe kannst du die Ergebnisse aus Aufgabe 1 heranziehen.*

Des bleibt se ghupft wia gsprunga. (Bairisch) Es ist egal, wie eine Sache angepackt wird.

Mr ka'a Säggle au zuabenda, wenn's no ned voll isch. ( )

Der schmarrd [*redet*] vill, wenn der Dooch lang is. ( )

Nix gwieß woaß ma ned. ( )

☆ **3** *Erfinde eigene Sprichwörter zum Thema Schule und notiere sie in deinem Heft. Schreibe in einer der drei in Bayern gesprochenen Mundarten.*

Mundart in literarischen Texten
Greifen Autoren oder Autorinnen in ihren Werken auf mundartliche Ausdrücke zurück, dann geschieht dies aus den vielfältigsten Gründen. So kann der Dialekt dazu beitragen, einen Text **komischer**, **ausdrucksstärker**, **gefühlvoller** oder **stimmungsvoller** oder **variantenreicher** zu gestalten. Spielt ein Roman, ein Drama o. Ä. in einem besonderen Milieu (z. B. in einem Dorf auf dem Land), dient die Verwendung des Dialekts dazu, die Handlung **lebensnaher** und **realistischer** erscheinen zu lassen.

Vielleicht kennst du das Bilderbuch von Sam McBratney und Anita Jeram: „Weißt du eigentlich, wie lieb ich dich hab?". Ottfried Fischer hat es ins Bairische übertragen, es trägt den Titel: „Woaßt du ibahapts, wia gern dass i di mog?".

4 *a) Versuche eine „Rückübersetzung" des folgenden Textausschnitts ins Hochdeutsche. Schreibe neben den Mundarttext.*
b) Beschreibe die Wirkung der beiden Textvarianten und begründe, welche Fassung dir besser gefällt.

Da kloane Hos hätt ins Bett geh soin, ____________________

oba er hod si no ganz lang festghoitn ____________________

an de langa Oahn vom groußen Hosn. ____________________

____________________ Da kloane Hos wui si nämli ganz gwiß sei,

____________________ dass eahm da grouße Hos aa zuahert.

____________________ Und dann sogt er: „Rot amoi, wia gern dass i di mog!"

____________________ „Öha", sogt do da grouße Hos,

____________________ „i glaub net, dass i des darot."

„So vui", sogt da kloane Hos ____________________

und streckt seine kloana Arm ausanand, ____________________

so weit wias ganga is. ____________________

Teste dich: Wie fit bist du in Rechtschreibung?

Wenn du diesen Test durchgearbeitet hast, weißt du, was du bereits gut kannst und wo du noch Schwierigkeiten hast. Dies kannst du im Anschluss gezielt in diesem Heft üben.

■ *Ergänze in den folgenden Texten die Lücken, indem du die Wörter in Klammern oder die fehlenden Buchstaben in richtiger Schreibweise einträgst.*

Text 1 Als der Krieg zu Ende war

In den Jahren zwischen Kriegsende und Wirtschaftswunder gehörten Kohlenknappheit und Kartoffelkäferplage für Johanna zum Alltag. Sie wohnte mit ihrer Mutter und deren Mutter in einem kleinen Dorf am Main und ______________ (SEIT KURZEM) lebte auch noch die zweite Großmutter aus Nürnberg bei ihnen. Ihre Oma und ihre Mutter hatten lange das ______________ (FÜR UND WIDER) dieser Einladung diskutiert. Sie waren sich auch nicht sicher, ob der Haushalt am Main ______________ (GENUG ESSBARES) für eine weitere Person bieten konnte. Nach ______________ (LANGEM ÜBERLEGEN) waren sich alle einig, Oma Elsbeth sollte aus Nürnberg zu ihnen ziehen. In den Trümmern von Nürnberg war ______________ (ERFRIEREN) im Winter nicht unwahrscheinlich. Aber ______________ (ANFANGS) war Oma Elsbeth nicht ______________ (WILLENS), ihre Kellerwohnung zu verlassen. Obwohl das ganze Viertel eine Schutthalde war und Mauertrümmer, Backsteine und Mörtelbrocken ______________ (KREUZ UND QUER) lagen, erklärte sie, dass sie ein Großstadtmensch sei und bleiben wolle. Doch ______________ (ANGESICHTS) der klirrenden Kälte zog sie ______________ (EIN BISSCHEN) später dann doch zu ihrer Schwiegertochter und deren Familie.

! *Überprüfe dein Ergebnis anhand des Lösungsheftes. Solltest du bei der Groß- und Kleinschreibung im Text Fehler gemacht haben, dann arbeite* ▷ *Seite 54 und 55 durch.*

Text 2

An einem ______________ (FREITAG) kam Oma Elsbeth ______________ (NACHMITTAGS) bei Johanna an. Immerhin hatten sie ______________ (GESTERN ABEND) noch ein Telegramm erhalten, auch wenn nicht darauf stand, ob Oma Elsbeth diesen oder den ______________ (KOMMENDEN FREITAG) in der ______________ (NÄCHSTEN WOCHE) gemeint hatte.

! *Überprüfe dein Ergebnis anhand des Lösungsheftes. Solltest du bei den Zeitangaben im Text Fehler gemacht haben, dann arbeite* ▷ *Seite 56 durch.*

Text 3

Begeistert war Oma Mariechen nicht, dass sie ihre Familie jetzt mit einer zweiten Oma teilen musste, aber sie wollte erst einmal ______________________________ (FREUNDLICHSEIN). Schließlich musste man sich ja erst einmal ______________________________ (KENNENLERNEN). Und vielleicht konnte ja Oma Elsbeth auch mal für Lebensmittel ______________________________ (SCHLANGESTEHEN). ______________________________ (ZWEIFELSOHNE) hatte der Familienzuwachs auch seine Vorteile. Als dann auch noch der Vater von Johanna aus der Kriegsgefangenschaft ______________________________ (ZURÜCKKEHRTE), mussten alle mit den Lebensmitteln ______________________________ (HAUSHALTEN). Aber als ihr Schwiegersohn das Hausschwein schlachten ließ, fühlte sie sich doch ______________________________ (BEISEITEGESCHOBEN). Immerhin musste sie ihm ______________________________ (ZUGUTEHALTEN), dass dieser unerwartete Fleischvorrat gut für die Gastwirtschaft und die Kundschaft war.

! *Überprüfe dein Ergebnis anhand des Lösungsheftes. Solltest du bei der Getrennt- und Zusammenschreibung im Text Fehler gemacht haben, dann arbeite ▷ Seite 57 und 58 durch.*

Text 4

Aus Neug___rde l___ß Johanna sich eines Tages auf die andere Seite der Gartenmauer fallen und landete vor dem Schlo___ des Roten Barons. Durch ein Fenster ersp___te sie einen großen S___l vo___er Feldbe___en. Hier waren Flüchtlinge untergebracht. Wer nach Kr___gsende kein Zuhause mehr hatte, wurde damals in Notunterkünften untergebracht oder Familien zugew___sen.

! *Überprüfe dein Ergebnis anhand des Lösungsheftes. Solltest du bei den langen und kurzen Vokalen im Text Fehler gemacht haben, dann arbeite ▷ Seite 59 durch.*

Text 5

Anfangs war die A___mos___äre angespannt. Die ersten Jahre nach Kriegsende hatten ihren eigenen R___y___mus und eu___orisch war wohl niemandem zumute.

! *Überprüfe dein Ergebnis anhand des Lösungsheftes. Solltest du bei den Fremdwörtern im Text Fehler gemacht haben, dann arbeite ▷ Seite 60 durch.*

Groß- und Kleinschreibung

Nominalisierungen
Wörter anderer Wortarten schreibt man **groß**, wenn sie im Satz **als Nomen gebraucht** werden.
Man nennt sie **Nominalisierungen**.
Es gibt einige **Nomensignale**, die darauf hinweisen, dass ein Nomen folgt:
- ein vorausgehender **Artikel**, der mit einer **Präposition** verbunden sein kann, z. B. *das Laufen, beim (bei dem) Schwimmen,*
- ein vorangestelltes **Adjektiv**, z.B. *langes Schreien,*
- ein vorangestelltes **Pronomen**, z.B. *dein Schimpfen, jede Fünfte,*
- ein **Indefinitpronomen**, nach dem **Adjektive** nominalisiert und deshalb großgeschrieben werden, z. B. *alles Gute, nichts Neues.*

1 *Die folgenden Schlagzeilen aus Tageszeitungen enthalten häufig verwendete Ausdrücke und Redewendungen. Ordne die nominalisierten Wörter in die folgende Tabelle ein.*

Der FC zog in Nürnberg den Kürzeren

Das Abwehrverhalten der Borussia liegt im Argen

Vorsitzende der kommunalen Parteien geben Wahlprogramm zum Besten

URLAUBSKOSTEN SIND UM EIN BETRÄCHTLICHES GESTIEGEN

Mit den Nachrichten der Deutschen Welle sind Sie immer auf dem Laufenden

Das war ein frühes Aus für die Mannschaft in der ersten Runde

Alles Weitere demnächst in dieser Zeitung

Die Schüler gaben beim Vorlesewettbewerb ihr Bestes

PRÄSIDENTEN ERÖRTERN DAS FÜR UND WIDER DES EURO

Das ganze Hin und Her muss ein Ende haben

Nomensignal	nominalisierte Verben	nominalisierte Adjektive	andere Wortarten
bestimmter/ unbestimmter Artikel			
Präposition (+ Artikel)			
(Artikel +) vorangestelltes Adjektiv			
vorangestelltes Pronomen			
vorangestelltes Indefinitpronomen			

!

Denominalisierung
Von „Denominalisierung“ spricht man, wenn **aus Nomen Wörter anderer Wortarten entstehen**. Diese werden kleingeschrieben:

- Adverbien und Präpositionen auf „-s“ oder „-ens“, z. B. *anfang**s**, seit**ens***;
- Präpositionen und Teile von präpositionalen Fügungen, z. B. *kraft, dank*;
- unbestimmte Pronomen und Zahlwörter, z. B. *ein paar, ein bisschen*;
- die Wörter *pleite, schuld, angst, gram, leid, bange* in Verbindung mit den Verben „sein“, „bleiben“ oder „werden“.

2 *Trage die folgenden Wörter an den passenden Stellen in der richtigen Schreibweise in die Textlücken ein.*

RECHTENS BANGE TROTZ ANFANGS ANGST ANGST
ABSEITS SEIT LÄNGEREM TEILS ... TEILS PLEITE DANK
LETZTEN ENDES GRAM SCHULD SCHULD LEID
ÜBER KURZ ODER LANG FERN ZEIT PAAR BISSCHEN

Heikos Großvater

Als Heikos Großvater starb, wusste Heiko ______________ überhaupt nicht, wie das Leben ______________ dieses Verlustes weitergehen sollte. In der Familie hatte der Großvater immer etwas ______________ gestanden, ______________, weil bei seinem rauen Aussehen den Kindern leicht ______________ und ______________ wurde, ______________, weil die Erwachsenen nicht darüber hinwegsehen konnten, dass er mit der Familienfirma ______________ gemacht hatte. Obwohl es erwiesen war, dass Großvater ______________ nicht die ______________ daran trug, war ihm besonders Heikos Vater ______________ seines Lebens ______________ geblieben, denn er hätte die Firma geerbt. Heiko fand die Reaktion seines Vaters ein ______________ übertrieben, da dieser ______________ Geschäftsführer im größten Betrieb am Ort war und einem also wirklich nicht leidtun musste. Heiko hatte niemals ______________ vor dem Großvater gehabt. Er liebte es, wie der alte Mann Geschichten erzählte. Niemand konnte solche Geschichten erzählen wie Opa! Sicher, ob alles immer ______________ gewesen war in diesem bewegten Leben, da hatte selbst Heiko seine Zweifel. Aber ______________ verjährt doch alle ______________ und von ______________, von heute aus gesehen waren Opas Erlebnisse einfach herrliche Abenteuer. Besonders gern hörte Heiko die Jugendgeschichten seines Großvaters: wie er in die Wälder zog, wenn er die Schule ______________ war, und wie er sich Hütten gebaut und Hechte geangelt hatte. Nach dem Tod des Großvaters dauerte es ein ______________ Wochen, bis Heiko klar wurde, dass Opas Geschichten nicht mit ihm begraben worden waren, sondern dass sie ______________ seiner Erinnerung weiterlebten.

Zeitangaben
Zeitangaben, die **Nomen** sind, schreibt man **groß**. Du erkennst sie meist an den Nomensignalen, z. B.: *der Montag, am Montag, der heutige Montag, jeden Montag.*
Ist die Zeitangabe ein **Adverb** oder **Adjektiv**, schreibt man sie **klein**, z. B.: *mittwochs, gestern, abends, nachher, stündlich.* Zur Bezeichnung von Tageszeiten dienen oft Kombinationen von Adverb und Nomen, z. B.: *heute Nacht, morgen Mittag.*

3 *Trage die Zeitangaben, die in Klammern stehen, in der richtigen Schreibweise in die Textlücken ein.*

Lisas Traum

Heute Morgen (HEUTE MORGEN) wachte Lisa auf und erinnerte sich an einen Traum, den sie ______ (IN DER NACHT), vielleicht auch ______ (GEGEN MORGEN), gehabt hatte. Sie hatte ______ (AM ABEND) wie ______ (AN JEDEM ANDEREN DIENSTAGABEND) zwei Stunden lang Tennis gespielt und war anschließend todmüde ins Bett gefallen. Sie hoffte, ______ (AM NÄCHSTEN MORGEN) ausgeruht aufzustehen. Aber irgendwann ______ (IN DER NACHT) war sie im Traum in eine wilde Verbrecherjagd verwickelt worden, aus der es kein Entrinnen mehr gab. Ein kräftiger Spieler, der sonst nie ______ (WERKTAGS) in der Halle anzutreffen war, hatte es plötzlich auf ihre Bälle abgesehen. Immer wenn ihr ein großartiger Aufschlag geglückt war, landete der Ball nicht wie ______ (IMMER) im Feld der Gegnerin, sondern wurde schon ______ (VORHER) von diesem übergroßen Monster abgefangen. Und für solch ein missglücktes Spiel hatte sie ______ (JEDE WOCHE) geübt!
Diesem Schuft musste doch noch ______ (HEUTE ABEND) das Handwerk gelegt werden! Lisa rannte hinter dem Balljäger her und drohte wütend mit ihrem Schläger. Doch die Jagd nach dem Störenfried muss wohl bis ______ (IN DEN FRÜHEN MITTWOCHMORGEN) gedauert haben, denn als endlich der Wecker klingelte, schien Lisa der Albtraum endlos lang gewesen zu sein.
Für ______ (KOMMENDEN DIENSTAG) nahm sich Lisa vor, gleich ______ (AM NACHMITTAG) nach diesem Spieler zu fragen. Sie will ______ (EINES ABENDS) wirklich gegen ihn antreten. Das war ihr ______ (GESTERN NACHT) klar geworden. Wenn solche Albträume nicht nur ______ (TAGSÜBER), sondern auch ______ (NACHTS) ihren Schrecken verlieren sollen, dann muss sie diesen Traum ______ (EINES DIENSTAGS) Wirklichkeit werden lassen. Sie muss diese ______ (NÄCHTLICHE) Herausforderung tatsächlich annehmen.

Getrennt- und Zusammenschreibung

!

Wortgruppen aus Nomen und Verb schreibt man meist **getrennt**:

- Das gilt immer für Wortgruppen mit **sein**, z. B. *zufrieden sein, da sein;*
- Das gilt meistens für Wortgruppen aus mehreren Verben, d. h.
  Infinitiv + Verb, z. B. *spazieren gehen, schwimmen gehen;*
  Partizip + Verb, z. B. *geschenkt bekommen, getrennt werden.*

Getrennt geschrieben werden auch die meisten Wortgruppen aus

- **Nomen + Verb**, z. B. *Auto fahren, Feuer fangen;*
- **Adjektiv + Verb**, z. B. *lang schlafen, müde werden.*

Wenn du unsicher bist, schlage in einem (aktuellen!) **Rechtschreibwörterbuch** nach.

1 *Bilde aus den zusammenpassenden Wörtern Wortgruppen:*

fällig	werden
Rad	laufen
blass	stehen
Not	spielen
ernst	werden
Ski	nehmen
Schlange	fahren
rot	leiden
Klavier	werden
Rat	suchen

fällig werden ______ ______

______ ______

______ ______

______ ______

______ ______

TIPP

Nominalisierungen, die aus zwei Wörtern zusammengesetzt sind, werden **zusammengeschrieben**, z. B.: „Er war *beim Radfahren* gestürzt."

2 *Bilde mit den Wortgruppen aus Aufgabe 1 Sätze und schreibe sie in dein Heft. Verwende in fünf Sätzen die Wortgruppe als Nominalisierung.*

!

Zusammengeschrieben werden unter anderem

- **untrennbare Verbzusammensetzungen**, bei denen sich die Reihenfolge der Bestandteile nie verändert: *haushalten: „Sie haushaltet gut." – vollenden: „Er vollendet die Arbeit."*
- Verbindungen von **Adjektiv und Verb**, die man nicht wörtlich, sondern nur im übertragenen Sinn verstehen kann, z. B.: *blaumachen, hochrechnen,* den Angeklagten *freisprechen.*

3 *Bilde zunächst zu jedem der folgenden Verben einen Satz, in dem das Verb im Infinitiv steht. Überprüfe danach, ob das Verb auch im Präteritum und im Perfekt verwendet werden kann oder ob du auf Umschreibungen ausweichen musst. Schreibe für jedes Verb wie im vorgegebenen Beispiel einen Satz jeweils mit Infinitiv, im Präteritum und im Perfekt in dein Heft.*

~~kopfrechnen~~ maßregeln bergsteigen schlussfolgern vollbringen langweilen notlanden

Die 8 b kann gut kopfrechnen. Sie rechnete gut im Kopf (Umformung).

Sie hat gut im Kopf gerechnet.

!

Zusammengeschrieben werden auch viele mehrteilige Adverbien, Konjunktionen, Präpositionen und Pronomen:
- **Adverbien**: *irgendwann, einerseits,*
- **Konjunktionen**: *soweit, sooft,*
- **Präpositionen**: *inmitten, anstatt,*
- **Pronomen**: *irgendein, irgendwelcher.*

4 *Setze jeweils ein passendes mehrteiliges Wort aus den Wortlisten in die Lücken ein:*

Konjunktionen:
sobald, solange, sodass, somit, sofern

Adverbien:
vorwiegend, inwiefern, neuerdings, jederzeit, zweifelsohne, demzufolge, zudem, außerdem

Präpositionen:
infolge, anhand

Pronomen:
irgendjemanden, irgendwer, denjenigen

Jeder kennt irgendjemanden __________, den Erkältungen nie oder selten erwischen. Andere leben dagegen __________ gesundheitsbewusst und sind doch häufig krank.

__________ unterscheiden sich Menschen mit stabiler Konstitution von __________ mit labiler Gesundheit?

__________ hat die Wissenschaft herausgefunden, dass Verwandte und Freunde, auf die man sich __________ und __________ verlassen kann, einen großen Einfluss auf die Gesundheit haben. Sie stärken einen nicht nur, __________ es einem schlecht geht, den Rücken, sondern helfen auch, __________ es einem gut geht. Dieses soziale Netz fördert __________ das positive Lebensgefühl, __________ die Abwehrkräfte gestärkt werden.

__________ hat __________ behauptet, dass Menschen __________ eines Hobbys aktiver sind und __________ gesünder bleiben.

Auch die Genussfreude hat angeblich einen positiven Einfluss auf die Gesundheit, __________ sie sich in Maßen hält.

Bis heute gilt __________ ein altes Sprichwort, was man __________ der Erfahrung belegen kann: Lachen ist gesund.

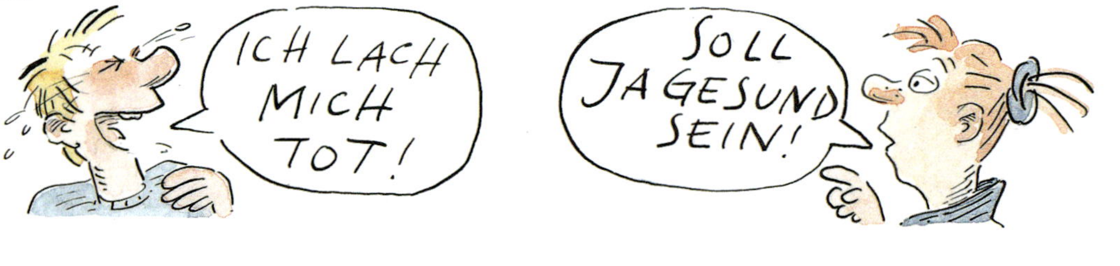

Kurze und lange Vokale

> **!**
>
> Nach **betonten kurzen Vokalen** folgen meist **zwei Konsonanten**, z. B. *Ko**pf***, *Ha**nd***, *tu**rn**en.*
> Hörst du nur **einen Konsonanten**, wird er beim Schreiben verdoppelt, z. B. *kla**pp**ern*, *He**nn**e*, *Schlü**ss**el*, *Hu**mm**el.*
> Statt verdoppeltem -**k**- schreiben wir -**ck**-, z. B. *Zu**ck**er*, *He**ck**e*, *Schne**ck**e.*
> Statt verdoppeltem -**z**- schreiben wir -**tz**-, z. B. *Schni**tz**el*, *Bli**tz***, *Ka**tz**e.*
>
> Die meisten **betonten langen Vokale und Umlaute a**, **ä**, **e**, **o**, **ö**, **u**, **ü** schreibt man mit einfachem Buchstaben, z. B. *N**a**me*, *l**e**sen*, *h**o**len*, *Sch**u**le.*
> Bei einer kleineren Gruppe von Wörtern aber folgt nach dem betonten langen Vokal ein -**h**-, z. B. *K**ah**n*, *n**eh**men*, *S**oh**le*, *St**uh**l.*
> Nur wenige lange Vokale werden **verdoppelt**, z. B. *B**oo**t*, *S**ee**.*
> Das **lang gesprochene -i-** wird fast immer -**ie**- geschrieben, z. B. *T**ie**r*, *L**ie**be.* Nur in einigen Kurzwörtern (*w**i**r*, *d**i**r*, *m**i**r*) und in Fremdwörtern wird das lange -**i**- mit einfachem -**i**- geschrieben, z. B. *Masch**i**ne*, *Apfels**i**ne.*

1 *Unterstreiche im Text die Wörter mit betontem kurzem Vokal.*

Tonke Dragt
Das Meer

Plötzlich sah ich das Meer.
Über dem Wasser hingen dunkle Wolken; sie zogen landwärts und über dem Horizont bildete sich ein lichter Streifen. Die See war silbergrau und ruhig. Vor mir lag ein breiter Strand. Es war also gerade Ebbe. Ebbe, sagte ich, und es klang wie ein neues Wort, das ich gerade kennen gelernt hatte. Mir war kalt. Die See rauschte leise; ich roch die salzige Luft und wusste trotzdem nicht sicher, ob dies nun wirklich die See war. Meer und Strand. Muscheln. Fußspuren im Sand. Ich schaute, ich horchte, ich überlegte.
„Wie bin ich hierhergekommen? Was soll ich hier eigentlich? Meine Füße tun mir weh. Und ich weiß nicht mehr, wer ich bin.“ Ich bekam einen Schrecken; irgendwie schaltete ich nicht richtig. Doch plötzlich erinnerte ich mich an alles, nur sehr undeutlich und verworren. Es ist mir unmöglich, das aufzuschreiben.

2 *a) Trage die richtige Vokalschreibung in die Lücken im folgenden Text ein.*
b) Umkreise alle langen Vokale, die du im Text findest.
c) Umkreise in einer zweiten Farbe alle kurzen Vokale.

Ich bl___ckte noch einmal auf das M___r. D___smal stand ich dicht vor den W___ll___n und es w___r d___mmrig. Irgendjemand r___f mir etwas ins ___hr. Es war wichtig; ich glaube, ich hätte darauf antworten m___ssen. (Der alte Mann erk___ndigte sich, wer es d___nn gew___sen sei und was er m___r zuger___fen habe, aber ich weiß nicht mehr, wirklich nicht. V___ll___cht war ich es selbst. Ach nein, ich habe ja nicht einmal verstanden!) Dann beg___nn es zu sausen und zu brausen; die S___ wurde wild und die Welt drehte sich w___ w___hns___nn___g um mich herum. Ich bek___m Angst, dass ich ertr___nken k___nnt___. Ich wandte mich um und l___f davon.

Fremdwörter

!

Fremdwörter sind Wörter aus fremden Sprachen, die in der deutschen Sprache benutzt werden. Sie unterscheiden sich von den deutschen Wörtern meistens in **Schreibung** und **Aussprache**, weil sie sich nach den Regeln ihrer Herkunftssprache richten, z. B. *Rendezvous, Inlineskates, Mountainbike.*
Fremdwörter werden besonders in der wissenschaftlichen oder fachspezifischen Sprache, aber auch in der alltäglichen Sprache verwendet. Wer sie benutzt, sollte wissen, wie sie ausgesprochen und geschrieben werden, und erklären können, was sie bedeuten. Im Zweifelsfall hilft ein Blick ins Wörterbuch.

1 *Was erfährst du aus dem folgenden Fremdwörterlexikonartikel über das Wort „Freak“? Trage ein.*

Freak [*frik*; engl.amer.] *der,* -s, -s:
1. jmd., der sich nicht in das normale bürgerliche Leben einfügt.
2. jmd., der sich in übertriebener Weise für etwas begeistert.

2 *Welche Informationen findest du im Fremdwörterlexikon zu folgenden Begriffen? Schlage nach und trage ein.*

Limerick

Skonto

Mandala

Sofa

Interview

Mesalliance

Tee

Abschlusstest: Rechtschreibung

1 *Teste selbst deinen Lernfortschritt. Trage die Wörter in Klammern in der richtigen Schreibweise in die Lücken ein und ergänze die in einzelnen Wörtern fehlenden Buchstaben. Achte auf die Groß- und Kleinschreibung, Zusammen- und Getrenntschreibung und lange und kurze Vokale.*

Der amerikanische Soldat

Und eines ________________ (MORGENS) kam es heraus. Fanny, Johannas Tante, liebte schon ________________ (SEIT LÄNGEREM) einen amerikanischen Soldaten.

Fanny brach ihr ________________ (LANGES SCHWEIGEN) und erklärte, sie werde mit diesem Mann nach Amerika gehen. ________________ (DAS ENTSETZEN) im Dorf war groß, für Oma Mariechen aber war es ________________ (DAS SCHLIMMSTE). Sie verstand nicht, wie ihre eigene Tochter ihr ________________ (INMITTEN) der schrecklichen Nachkr___gszeit so etwas antun konnte. Wenigstens ihr ________________ (ZULIEBE) hätte sie ihr diese Blam________e ersparen können.

________________ (EIN BISSCHEN) traurig war Oma Mariechen schon, aber vor allem war sie zornig. ________________ (MIT BLICK AUF) diese Enthüllung war jetzt allen kl___r, dass Fanny sie ________________ (ÜBER KURZ ODER LANG) verla___en würde. Nächsten ________________ (SAMSTAG) wollte sie der Familie ihren zukünftigen Mann vorstellen, aber Oma Mariechen erklärte, dieser Amerikaner sei ________________ (SCHULD) daran, dass ihre geliebte Tochter die gesamte Familie ________________ (SITZEN?LASSE), und weigerte sich, ihn zu sehen. Man muss Oma Mariechen zugute halten, dass sie ________________ (ANGST) hatte. Aber sie hätte ihrem zukünftigen Schw___gers___n ruhig ________________ (FREUNDLICH?BEGEGNEN) können. Sta___de___en enterbte sie Fanny. Bis ________________ (AN?DAS?ENDE) hatte Fanny gehofft, dass ihre Mutter des ________________ (SCHWEIGENS MÜDE?WERDEN) und ihr ________________ (IRGEND?WANN) vergeben würde. Vergebens, Oma Mariechen l___ß nicht mit sich di___kut___ren.

2 *Gleiche deine Lösungen sorgsam mit dem Lösungsheft ab.*
Wenn du alle Wörter richtig geschrieben hast, beherrschst du die Rechtschreibung bereits sehr gut.
Hast du Fehler gemacht? Im Lösungsheft kannst du sehen, welche Seite in diesem Arbeitsheft du gegebenenfalls erneut durcharbeiten solltest. Wenn du genug geübt hast, wirst du keine Fehler mehr machen. Viel Erfolg!

Informationsmedien nutzen: Zeitung und Website

Edmund Stoiber hadert mit der Rolle in der zweiten Reihe / Seite 3

Süddeutsche Zeitung

MÜNCHNER NEUESTE NACHRICHTEN AUS POLITIK, KULTUR, WIRTSCHAFT UND SPORT

BAYERN-AUSGABE | HBN | München, Freitag, 2. September 2005 | 61. Jahrgang / 35. Woche / Nr. 202 / 1,70 Euro

Das Streiflicht

(SZ) Heute wollen wir einmal ganz und gar nicht korrekt sein und weder auf die Mineralwassertrinker noch auf die Cholesterinwächter hören. Es gibt solche Tage, da lässt das Verbotene seinen ganz eigenen Reiz aufschimmern, obwohl wir doch wissen, dass der Genuss ohne Reue eine Illusion bleibt. Man muss für alles bezahlen, aber für einen Moment träumen wir uns davon, hin nach Montmartre ins alte Paris. Da stellen wir uns an eine Theke und rauchen bei einem Glas Rotwein eine Gauloise bleue, das ist beides zusammen von Herzen ungesund, lässt uns aber für eine Zigarettenlänge all die deprimierenden Nachrichten des Tages vergessen. In *France soir* lesen wir zur Entspannung eine Geschichte wie aus einem alten Schwarz-Weiß-Krimi: Am Hafen von Saint Tropez (da würde man es jetzt auch aushalten) hat gerade ein Gangster-Quartett einen Juwelier überfallen, hat binnen Minuten seine Auslagen ausgeräumt, für vier Millionen Euro Uhren und Geschmeide eingesackt und ist dann mit einem Motorboot abgehauen. Hier muss der Schnitt kommen. Der Kopf der Bande, der das alles so minutiös geplant hat, empfängt seine Jungens. Er schmökt seine Gauloise, er erinnert an Jean Gabin. Dessen Gegenspieler war Lino Ventura, der Kommissar, der sich das Rauchen nicht abgewöhnen konnte, aber das war ein anderer Film. Während wir so dahin sinnieren, spielt draußen auf der Place du Tertre einer auf dem Akkordeon. „Padam, Padam . . ."

Die Wirklichkeit ist harsch. Wir lesen nämlich auch, dass in Lille die letzte französische Gauloises-Fabrik zugemacht hat. In Spanien sollen sie nun gedreht werden. Der Bürgermeisterin von Lille, einer strengen sozialistischen Frau, die nur einmal vor Wut geweint hat, als sie ihren Sitz im Parlament verlor, kamen die Tränen. Zu Recht, denn die Gauloises in dieser blauen, stets knautschigen Packung, die längst mit der Warnung versehen ist, man solle das Rauchen besser drangeben, gehörte zu Frankreich wie vor Zeiten der wunderbar schwebende Citroën DS 19. Sie erinnerte eher an die Zeit des Generals oder seines Nachfolgers Georges Pompidou, der nichts dabei fand, auf dem Bildschirm zu paffen, aber das war eben noch in Schwarz-Weiß. Heute sind Gauloises-Raucher ältere Herrschaften, die Yves Montand und Serge Gainsbourg auf der Bühne erlebt haben. Die sangen in einer Tonlage, die der Rauch der Zigarette veredelte.

So singt keiner mehr, keiner raucht mehr so dekorativ und es sieht auch keiner mehr so aus wie der Kulturminister André Malraux, der lange schon im Panthéon liegt und dem auf einer Gedenkbriefmarke die Kippe aus dem Mundwinkel retouchiert wurde. Wir sollen ja auch nicht rauchen, ist schon gut, aber wer will immer vernünftig sein. Wir drücken sie aus, zahlen bitte. Sie kratzt im Halse, Sargnagel sagte man früher.

Bush: Eine der schlimmsten Naturkatastrophen der US-Geschichte

Hunderttausend Flutopfer warten auf Rettung

Zahl der Toten steigt weiter / Regierung entsendet zusätzliche Soldaten / New Orleans auf Monate unbewohnbar

Washington (SZ) – **Nach den verheerenden Überschwemmungen an der amerikanischen Golfküste hat die größte Rettungsaktion in der Geschichte der USA begonnen. Die Evakuierung der Südstaatenmetropole New Orleans, wo sich am Donnerstag noch bis zu 100 000 Menschen aufgehalten haben sollen, wurde von Gewalttätern behindert. Die Behörden fürchten, dass die Zahl der Toten in die Tausende geht. US-Präsident George W. Bush versprach schnelle Hilfe, sagte aber, der Wiederaufbau werde Jahre dauern. Politiker der Demokraten kritisierten erstmals, Bush habe zu spät auf die Katastrophe reagiert.**

„Wir gehen davon aus, dass Tausende tot sind", sagte Senatorin Mary Landrieu aus Louisiana in Baton Rouge. Damit wäre der Hurrikan die schwerste Naturkatastrophe in den USA seit dem Erdbeben von San Francisco im Jahr 1906. Der Bürgermeister von New Orleans, Ray Nagin, sagte: „Wir wissen, dass es noch viele Tote im Wasser gibt, und weitere auf den Dachböden der Häuser." Nagin rechnet damit, dass die Evakuierung der Stadt noch mehrere Tage dauern wird. Die Regierung in Washington verhängte den Gesundheitsnotstand, weil der Ausbruch von Seuchen befürchtet wird. Vielerorts können die Leichen nicht geborgen werden, das Trinkwasser ist verunreinigt. Die Stadt werde für mindestens zwei Monate nicht bewohnbar sein, sagte Nagin. So lange dürften die Bewohner auch nicht zurückkommen.

Zur Rettung der von der Flut eingeschlossenen Menschen sind nach Angaben des Verteidigungsministeriums derzeit 11 000 Nationalgardisten und 7200 reguläre Soldaten im Einsatz. Weitere 10 000 Nationalgardisten sollen bis zum heutigen Freitag eintreffen. Das amerikanische Rote Kreuz mobilisierte 70 000 Freiwillige. Nationalgarde und Küstenwache bemühten sich, die vom Wasser eingeschlossenen Bewohner aus der Luft zu versorgen. Sie ließen Körbe mit Lebensmitteln auf Dächer herab, auf denen zahlreiche Menschen seit Montag ausharren, und flogen einige von ihnen aus.

In New Orleans, wo zuletzt Trinkwasser und Lebensmittel knapp wurden, nahm inzwischen die Gewalt deutlich zu. Plünderer zogen durch die Geschäfte und stahlen Lebensmittel, aber auch Wertgegenstände. Mancherorts waren Schüsse zu hören. Die Evakuierung des „Superdomes" wurde unterbrochen, nachdem ein Hubschrauber von Unbekannten beschossen worden war. Nagin zog in der Nacht zum Donnerstag 1500 Polizisten vom Rettungseinsatz ab, um die Plünderungen zu stoppen.

Außerdem in dieser Ausgabe

„Wir wissen, dass es noch viele Tote im Wasser gibt": Eine Familie schiebt ihr Gepäck in einem Einkaufswagen durch die Fluten vor dem „Superdome" in New Orleans. Foto: AP

Auf dem Rückflug aus dem Urlaub in Texas nach Washington verschaffte sich US-Präsident George W. Bush aus der Luft einen ersten Eindruck von der Lage in Louisiana und Mississippi. Nach einer Krisensitzung des Kabinetts sprach er von einer „der schlimmsten Naturkatastrophen in der Geschichte unserer Nation". Der Wiederaufbau der verwüsteten Bundesstaaten werde Jahre dauern, sagte Bush. Die Regierung richtete einen Krisenstab unter der Leitung von Heimatschutzminister Michael Chertoff ein. Er versprach finanzielle Hilfen für die Betroffenen, nannte aber keine Beträge.

Der demokratische Senator Frank Lautenberg kritisierte, Präsident Bush habe zu spät reagiert. „Wir sehen auf unseren Fernsehschirmen seit Tagen, wie sich die Zerstörung ausbreitet, und man muss sich fragen, wo die Regierung ist." Den Vorwurf, Einheiten der US-Streitkräfte hätten angesichts der absehbaren schweren Folgen bereits vor dem Eintreffen des Wirbelsturms in die Region verlegt werden können, wies Heimatschutzminister Chertoff im Nachrichtensender CNN zurück. Weder landgestützte Einheiten noch die Hubschrauber hätten während des Sturms operieren können, sagte er. Zudem hätten Leben und Ausrüstung der Rettungskräfte geschützt werden müssen, um jetzt effektiv Hilfe leisten zu können. Andere Demokraten warfen der Regierung vor, den Katastrophenschutz zu Gunsten des Irakkrieges und der Terrorabwehr vernachlässigt zu haben. Präsident Bush hatte Einheiten der Nationalgarde in den Irak entsandt. Verschiedene Staaten, darunter Deutschland und Frankreich, boten den USA Hilfe an. Spendenaktionen sind angelaufen.

Japan könnte Experten zufolge von einem ähnlich verheerenden Sturm heimgesucht werden, wie er gerade die Südstaaten der USA getroffen hat. Derzeit gewinnt der auf die Okinawa-Inseln zusteuernde Taifun „Nabi" an Stärke. Im Süden Chinas sind am Donnerstag fast 600 000 Menschen vor dem Wirbelsturm „Talim" in Sicherheit gebracht worden.

HEUTE MIT DEM SZ-MAGAZIN

Grauen: Die Folterungen von Abu Ghraib sind reif fürs Museum. Bilder, die Kunstgeschichte schreiben werden.
Frauen: Bauch, Beine, Po kennt ja jeder. Vorhang auf für sieben neue Problemzonen des weiblichen Körpers.
Trauen: Ab nach oben! Elf Hotelzimmer, die für Höhenängstliche eine echte Herausforderung darstellen.
Liegt nicht der gesamten Auslandsauflage bei

24 Seiten Immobilien
Kauf- und Mietmarkt

Wahl 2005

Ausländerpolitik: Der Stimmungswandel

Der Umgang mit Ausländern hat sich in Deutschland in den Regierungsjahren von SPD und Grünen gewandelt. Inzwischen gibt es ein zwar ein Zuwanderungsgesetz. Doch zugleich werden islamische Ausländer inzwischen beargwöhnt. Sie gelten als Risikogruppe, die schlecht deutsch spricht, sich abschottet und extremistische Ziele verfolgt. Den Alltag einer türkischen Fußballmannschaft prägt dies ebenso wie die politische Debatte. Die SZ-Wahlserie (Seite 8)

„Wechselgipfel" in Berlin

Union und FDP setzen auf Koalition

ble **Berlin** – CDU, CSU und FDP sehen eine gemeinsame Regierung als einzige politische Alternative zur jetzigen rot-grünen Koalition. Die Parteivorsitzenden Angela Merkel, Edmund Stoiber und Guido Westerwelle versicherten am Donnerstag nach einem „Wechselgipfel" in Berlin, ihre Gemeinsamkeiten seien weit größer als die inhaltlichen Unterschiede. Sie seien nicht nur willens, sondern auch in der Lage, die Probleme des Landes sehr rasch anzugehen. (Seiten 4 und 6)

Dax legt leicht zu

München (SZ) – Der Deutsche Aktienindex Dax hat am Donnerstag dank einer leichten Entspannung an den Ölmärkten seine Gewinne ausgebaut. Das Börsenbarometer beendete den Handel um 0,27 Prozent höher bei 4842,94 Punkten. „Es überrascht mich, wie gut sich der Markt angesichts von Umständen wie dem hohen Ölpreis und dem Hurrikan hält", sagte ein Händler in Frankfurt. Der Euro kostete gegen 18.30 Uhr bei 1,2443/48 Dollar. (Wirtschaft)

Das Wetter

München (SZ) – Das Tief *Quirin* bringt feuchte Luft. Zwischen Ostsee und Alpen Schauer und Gewitter. Im Osten anfangs Sonne, später ebenfalls Gewitter. Im Westen heiter und meist trocken. 21 bis 28 Grad. (Bericht Seite 10 und Bayern)

Kreislauf des Wahnsinns

Ursache für BSE in Tierfutter aus Indien vermutet

Es geht um Kadaver, Hirnerweichung und Wahnsinn. Um Kühe, Wasserleichen und Knochenmehl. Die Details, die erklären könnten, wie die Rinderseuche BSE entstanden ist, waren zwar noch nie appetitlich. Die Theorie, die britische Mediziner in der heutigen Ausgabe des Fachmagazins *The Lancet* vorstellen, ist jedoch besonders makaber: Alan und Nancy Colchester behaupten, dass BSE entstanden sei, weil britische Kühe Futter bekamen, das mit menschlichen Überresten aus Indien verunreinigt gewesen sei.

Die kühne These der Forscher von den Universitäten in Canterbury und Edinburgh ist eklig – und sie irritiert. Denn erstens verkehrt sie die bisher angenommene Infektionskette in ihr Gegenteil: Demnach stecken nicht kranke Kühe den Menschen an, sondern der Mensch selbst infiziert die Kälber. Zweitens schwingt bei aller wissenschaftlichen Beweisführung die kulturell-religiöse Kritik mit, die Bestattungsrituale der Hindus seien für den Ausbruch der Seuche im Westen verantwortlich.

Die britischen Ärzte bieten schlüssige Belege für ihre Hypothese an: In den sechziger und siebziger Jahren seien Hunderttausende Tonnen ganzer Tierknochen, zerstampfter Knochen und andere Kadaverteile aus Indien nach Großbritannien importiert worden. Angeblich waren auch menschliche Leichenteile dabei. Tierfutter und Düngemittel wurden daraus hergestellt. Der ebenso unübersichtliche wie unappetitliche Handel wurde kaum überwacht. Keine Behörde kontrollierte, ob die Überbleibsel der Lebewesen sterilisiert wurden.

An Flussufern und auf dem Land Knochen und Kadaver einzusammeln, sei für einige indische Bauern ein Zuerwerb, so die *Lancet*-Autoren. Da es sich nur eine Minderheit der Inder leisten könne, ihre Toten nach hinduistischem Brauch vollständig zu verbrennen, würden viele Leichen unverbrannt in Flüsse geworfen. Allein in der heiligen Stadt Varanasi am Ganges werden jährlich etwa 40 000 Tote bestattet. Vergangenes Jahr fanden Umweltschützer in zwei Tagen mehr als 60 Leichen an einem zehn Kilometer langen Ufer des Ganges.

„Dass menschliche Überreste an Tierverwertungsanstalten und Futtermühlen in Europa geliefert wurden, ist belegt", schreiben die Colchesters. Der Rest ist Statistik: Etwa 150 Inder würden jährlich an der herkömmlichen Form der Creutzfeld-Jakob-Erkrankung (CJD) sterben, unter ihnen 120 Hindus. Aus der herkömmlichen kann die für Menschen besonders gefährliche Creutzfeld-Jakob-Variante (vCJD) entstehen. Sie entspricht BSE bei Rindern. Einige der Creutzfeld-Jakob-Toten in Indien seien – über Umwege und in Einzelteilen – in europäischen Futterfabriken gelandet. Mit der Nahrung hätten britische Kühe die infizierte Kost aufgenommen, die bei ihnen BSE auslöste. Seit 1986 gab es allein in Großbritannien 180 000 BSE-Fälle. Weltweit wurden bisher 164 vCJD-Erkrankungen bei Menschen registriert.

Die indische Neuropathologin Susarla Shankar weist im *Lancet* die Hypothese der Colchesters zurück: In Indien sei „kein einziger BSE-Fall dokumentiert". Das spricht aber nicht gegen die Infektionstheorie. Schließlich sind Kühe in Indien heilig. Die wiederkäuenden Vegetarier werden dort nicht mit Tiermehl aus geschredderten Kadaverteilen gefüttert und zwangsweise zu Fleischfressern gemacht. *Werner Bartens*

HEUTE IN DER SZ

Umfang dieser Ausgabe: 72 Seiten BY

Süddeutsche Zeitung, Sendlinger Straße 8, 80331 München / Redaktion: Tel. 089/2183-0, Fax 2183-787 / Anzeigen: Tel. 089/236080, Fax 2183-795 / Abo-Service: Tel. 0180/5455900
Internet: http://www.sueddeutsche.de

52035
4 190655 801704

Benzinpreise in Deutschland explodieren

Stoiber will Autofahrern Geld zurückgeben

CSU-Chef: Staat soll zusätzliche Mehrwertsteuer-Einnahmen zur Entlastung verwenden / Liter Super kostet 1,42 Euro

Von Peter Fahrenholz und Nina Bovensiepen

München/Berlin – CSU-Chef Edmund Stoiber will die höheren Mehrwertsteuereinnahmen, die der Staat wegen der explodierenden Benzinpreise kassiert, an die Bürger zurückgeben. Stoibers Regierungssprecher Martin Neumeyer bestätigte der *Süddeutschen Zeitung* Überlegungen, die Stoiber am Donnerstagabend in der ARD präsentierte. Der Vorstoß sei mit Unions-Kanzlerkandidatin Angela Merkel abgesprochen. Über Details müsse allerdings noch beraten werden. Ein denkbarer Weg sei es, im Gegenzug die Ökosteuer zu senken und auf diese Weise den Benzinpreis wieder zu drücken, sagte der Sprecher Stoibers. Mit seinem Vorschlag knüpft Stoiber an eine Überlegung der Regierung in Paris. Sie hat in Aussicht gestellt, einen Teil der Mehreinnahmen aus der Mineralölsteuer zurückzugeben, zumindest an einige Berufsgruppen und Geringsverdiener.

Ein Sprecher von Bundesfinanzminister Hans Eichel (SPD) sagte, dass höhere Benzinpreise nicht zu steigenden Einnahmen bei der Mineralöl- und der Mehrwertsteuer führten. Wenn die Verbraucher mehr Geld für Kraftstoff ausgäben, würden sie den Konsum an anderer Stelle einschränken. Jeder Euro könne nur einmal ausgegeben werden.

Wie es bei der Union weiter hieß, will diese trotz der steigenden Benzinpreise im Falle eines Wahlsieges nicht darauf verzichten, die Pendlerpauschale zu kürzen. Der CDU-Abgeordnete und Hauptgeschäftsführer der Christlich-Demokratischen Arbeitnehmerschaft, Ralf Brauksiepe, sagte der SZ, er halte eine „moderate Absenkung der Pendlerpauschale im Rahmen einer großen Steuerreform für vertretbar". Beschäftigte müssten aber auch künftig Werbungskosten steuerlich absetzen können. Die Union will die Pendlerpauschale von 30 Cent auf 25 Cent abschmelzen. Zudem soll sie nur noch für Fahrtwege von höchstens 50 Kilometer gezahlt werden.

Für Thüringens Ministerpräsidenten Dieter Althaus (CDU) sind die hohen Benzinpreise politisch verschuldet. Er fordert deshalb, die von Rot-Grün eingeführte Ökosteuer in den kommenden Jahren abzuschaffen. Es sei falsch, „die Rentenkassen mit dieser unsinnigen Ökosteuer zu finanzieren". Schleswig-Holsteins Wirtschaftsminister Dietrich Austermann (CDU) sprach sich für eine Senkung der Ökosteuer um acht Cent je Liter Treibstoff aus.

Am Donnerstag setzte sich der Aufwärtstrend bei den Kraftstoffpreisen fort. An deutschen Tankstellen erreichten die Preise mit 1,42 Euro für einen Liter Super und 1,18 Euro für einen Liter Diesel einen neuen Rekord. Die jüngste Preisexplosion löste politischen Streit um Verkäufe der deutschen Ölreserve aus. Merkel unterstützte einen Vorschlag aus der FDP, die sich davon eine Entlastung von Verbrauchern und Wirtschaft erwartet. Die Bundesregierung, die Mineralölwirtschaft und Ökonomieexperten lehnten einen solchen Schritt ab. Zur Begründung hieß es, die deutschen Ölreserven dürften nur bei Versorgungsengpässen abgegeben werden. (Seiten 2 und 4)

sueddeutsche.de

- **Interview zum TV-Duell** Warum es früher wichtiger genommen wurde.
- **Quiz zur Wahl** Worüber promovierte Merkel? Wer ist der Leichtmatrose?

Die Zeitung
Zeitungen berichten **zeitnah** über **vielfältige Inhalte**. Sie erscheinen **regelmäßig** und sind **öffentlich zugänglich**. Sie vermitteln **Informationen**, **Meinungen** und **Unterhaltung**.

Die Gestaltung der Seiten, das **Layout**, arbeitet mit festen „Bausteinen“: dem **Zeitungskopf**, einem **Blickfang-Text** (meist mit **Foto**) sowie weiteren **Texten**.
Auf Titelseiten finden sich zudem
- Anreißermeldungen zu den Ressorts (Themenbereichen) der Zeitung, z. B. „Sport“ oder „Wissenschaft“,
- Querverweise auf weitere Artikel zum Thema (Inhaltsübersicht),
- Kurzmeldungen.

Elemente des Textaufbaus sind:
- Dachzeile,
- Schlagzeile,
- Untertitel,
- Lead (Vorspann mit den wichtigsten Informationen),
- Haupttext mit Zwischenüberschriften (vertiefenden Informationen),
- Kästen mit z. B.
  - Merkkästen,
  - (Info-)Grafiken,
  - Chronologien,
  - Fotos und Bildunterschriften,
  - Zitaten,
  - Tabellen.

Das Zusammenspiel dieser Elemente wird von den Redaktionen sorgfältig geplant, es soll die **Aufmerksamkeit** der Leserin oder des Lesers wecken und beim Lesen **Orientierung** geben.

1 *Links ist die Titelseite der Süddeutschen Zeitung vom 2. 9. 2005 abgedruckt.*
a) Beschreibe deinen ersten Eindruck.

b) Markiere die Themen, über die auf dieser Seite berichtet wird.
c) Liste die Themen mit eigenen Worten auf.

2 *a) Markiere in einer anderen Farbe, in welche Ressorts (Themenbereiche) die Süddeutsche Zeitung gegliedert ist.*
b) Ordne jedem Ressort Themen zu, die auf der Titelseite zu finden sind. Halte dein Ergebnis übersichtlich fest, z. B. in einer Mind-Map oder in einer Tabelle.

TIPP
Das Ressort „Kultur“ wird auch als „Feuilleton“ bezeichnet.

3 *Arbeite den Aufbau der Titelseite heraus:*
a) Umrande zusammengehörende Text- und Bildbausteine in unterschiedlichen Farben.
b) Skizziere auf einem gesonderten Blatt ein Layout-Raster für die gesamte Titelseite, indem du Rahmen für alle Layout-Elemente einträgst. Benenne alle Layout-Elemente (z. B. Schlagzeile, Grafik ...) anhand des vorangegangenen Merkkastens.

Nachrichten oder **Zeitungsberichte** informieren knapp und sachlich über ein aktuelles Ereignis und werden in der Regel im **Lead-Stil** (engl. *lead* = führen, Spitzenstellung) verfasst: Die wichtigsten Informationen kommen an den Anfang (**Dachzeile** und **Informationsschlagzeile**), es folgt ein **Untertitel** mit wichtigen Ergänzungen, der **Vorspanntext** fasst Wesentliches in zwei bis drei Sätzen zusammen. **Weitere Informationen** folgen mit abnehmender Wichtigkeit im Haupttext. Dieser Aufbau berücksichtigt das Leserinteresse, das nicht immer in die Tiefe geht.

BUSH: EINE DER SCHLIMMSTEN NATURKATASTROPHEN DER US-GESCHICHTE

Hunderttausend Flutopfer warten auf Rettung

Zahl der Toten steigt weiter/Regierung entsendet zusätzliche Soldaten/New Orleans auf Monate unbewohnbar

Washington (SZ) *– Nach den verheerenden Überschwemmungen an der amerikanischen Golfküste hat die größte Rettungsaktion in der Geschichte der USA begonnen. Die Evakuierung der Südstaatenmetropole New Orleans, wo sich am Donnerstag noch bis zu 100 000 Menschen aufgehalten haben sollen, wurde von Gewalttätern behindert. Behörden fürchten, dass die Zahl der Toten in die Tausende geht. US-Präsident George W. Bush versprach schnelle Hilfe, sagte aber, der Wiederaufbau werde Jahre dauern. Politiker und Betroffene warfen der Regierung vor, sie habe zu spät auf die Katastrophe reagiert.*

„Wir gehen davon aus, dass Tausende tot sind", sagte Senatorin Mary Landrieu aus Louisiana in Baton Rouge. Damit wäre der Hurrikan die schwerste Naturkatastrophe in den USA seit dem Erdbeben von San Francisco im Jahr 1906. Bestätigt wurde bislang der Tod von 120 Menschen im Bundesstaat Mississippi. Der Bürgermeister von New Orleans, Ray Nagin, sagte dem Nachrichtensender CNN, die Lage sei außer Kontrolle. Er rechne damit, dass die Evakuierung der Stadt noch mehrere Tage dauern werde. Die Regierung in Washington verhängte den Gesundheitsnotstand, weil der Ausbruch von Seuchen befürchtet wird. Vielerorts können die Leichen nicht geborgen werden. Die Stadt werde für mindestens zwei Monate nicht bewohnbar sein, sagte Nagin.

In der überschwemmten Stadt, wo Trinkwasser und Lebensmittel knapp wurden, nahm die Gewalt erheblich zu. Plünderer zogen durch Geschäfte und stahlen Lebensmittel, aber auch Wertgegenstände. Mancherorts wurden Sicherheitskräfte attackiert. Die Evakuierung des „Superdomes" wurde unterbrochen, nachdem ein Hubschrauber von Unbekannten beschossen worden war. Nagin zog in der Nacht zum Donnerstag 1 500 Polizisten vom Rettungseinsatz ab, um die Plünderungen zu stoppen. In der Stadt gilt mittlerweile das Kriegsrecht.

Zur Rettung der von der Flut eingeschlossenen Menschen sind nach Angaben des Verteidigungsministeriums derzeit 11 000 Nationalgardisten und 7 200 reguläre Soldaten im Einsatz. Weitere 10 000 Nationalgardisten sollen bis zum heutigen Freitag eintreffen. Das amerikanische Rote Kreuz mobilisierte 70 000 Freiwillige. Nationalgarde und Küstenwache bemühten sich, die vom Wasser eingeschlossenen Bewohner aus der Luft zu versorgen. Sie ließen Körbe mit Lebensmitteln auf Dächer herab, auf denen zahlreiche Menschen seit Montag ausharren, und flogen einige von ihnen aus.

Nach einer Krisensitzung des Kabinetts sprach US-Präsident Bush von einer „der schlimmsten Naturkatastrophen in der Geschichte unserer Nation". Der Wiederaufbau der verwüsteten Region werde Jahre dauern. Die Regierung richtete einen Krisenstab unter der Leitung von Heimatschutzminister Michael Chertoff ein. Nach Angaben aus dem Kongress will die Regierung zehn Milliarden Dollar als Soforthilfe bereitstellen.

Der demokratische Senator Frank Lautenberg kritisierte, Präsident Bush habe zu spät reagiert. „Wir sehen auf unseren Fernsehschirmen seit Tagen, wie sich die Zerstörung ausbreitet, und man muss sich fragen, wo die Regierung ist."

Auch viele Flutgeschädigte kritisierten das Krisenmanagement als unzureichend. „Ich verstehe die Ängste der Menschen. Es herrscht Frustration. Aber ich möchte die Leute wissen lassen, dass die Hilfe bereits unterwegs ist", sagte der Präsident dazu in einem Fernsehinterview. Den Vorwurf, Einheiten der US-Streitkräfte hätten angesichts der absehbaren schweren Folgen bereits vor dem Eintreffen des Wirbelsturms in die Region verlegt werden können, wies Heimatschutzminister Chertoff zurück. Andere Demokraten beanstandeten, die Regierung habe den Katastrophenschutz zu Gunsten des Irakkrieges und der Terrorabwehr vernachlässigt. Bush wird am heutigen Freitag in die Krisenregion fliegen. Verschiedene Staaten, darunter Deutschland und Frankreich, offerierten den USA Hilfe. Bundeskanzler Gerhard Schröder bot etwa die Lieferung von Wasseraufbereitungsanlagen an. Inzwischen sind auch zahlreiche Spendenaktionen angelaufen.

Japan könnte Experten zufolge von einem ähnlich verheerenden Sturm heimgesucht werden, wie er gerade die Südstaaten der USA getroffen hat. Derzeit gewinnt der auf die Okinawa-Inseln zusteuernde Taifun „Nabi" an Stärke. In Südchina sind am Donnerstag fast 600 000 Menschen vor dem Wirbelsturm „Talim" in Sicherheit gebracht worden.

4 *a) Lies den Artikel auf S. 64.*
b) Fasse den Zeitungsbericht kurz zusammen.

5 *a) Lies den Artikel erneut und markiere wichtige Wörter.*
b) Formuliere zu jedem Absatz des Hauptteils eine Überschrift und trage sie auf Seite 64 ein.

6 *Untersuche den Aufbau des Zeitungsberichts.*
a) Schreibe in dein Heft, wo in diesem Artikel die wichtigen W-Fragen beantwortet werden.
b) Markiere diejenigen Textabschnitte, die die wichtigsten Tatsachen benennen.
c) Beziehe Stellung, ob und gegebenenfalls wie der Zeitungsbericht dem Lead-Stil folgt.

7 *Als Zeitungsredakteur oder -redakteurin musst du den Leitartikel aus Platzgründen kürzen. Welche Passagen kannst du streichen, ohne dass die zentralen Informationen verloren gehen? Streiche diese im Artikel auf S. 64 durch.*

8 *Verwandle eine der folgenden Meldungen in einen Zeitungsbericht im Lead-Stil. Fehlende Informationen kannst du hinzuerfinden. Beachte, dass selbst erfundene Informationen der Nachricht eine neue Richtung geben.*

Rasender Polizeichef

London Der Chef der Londoner Verkehrspolizei ließ sich mit Blaulicht und 132 km/h in seinem Dienstwagen chauffieren, obwohl nur Tempo 65 erlaubt war. Grund: Er war spät dran für eine Verabredung. Dafür verpasste ihm Scotland Yard eine schriftliche Rüge.

Leihwagen-Steuer auf Mallorca

Palma de Mallorca Urlauber, die auf Mallorca oder den anderen Balearen-Inseln ein Auto mieten, müssen ab Anfang 2006 eine Sondersteuer zahlen – je nach Größe des Autos 4,50 bis 5,00 Euro pro Tag und 2 bis 3 Cent pro Kilometer. Das beschloss die Regionalregierung.

Reportagen informieren in besonders lebendiger und anschaulicher Weise über ein Ereignis oder eine Person. Sie versuchen, Atmosphäre einzufangen und führen mitten ins Geschehen. Ihre Merkmale sind:

- Recherche am Ort des Geschehens, Befragung von Beteiligten und Fachleuten,
- Hintergrundinformationen werden aufgezeigt,
- Wechsel zwischen sachlich informierenden und persönlich schildernden Texteilen,
- subjektive Meinung des Verfassers,
- Zeitform: Präsens,
- wörtliche Rede,
- Angabe des Verfassernamens.

ANGST IN NEW ORLEANS: FÜR DIE EINGESCHLOSSENEN WIRD DIE ZEIT IMMER KNAPPER

Die verzweifelte Suche nach Angehörigen

Es gibt kaum Lebenszeichen aus der überfluteten Südstaatenmetropole.
Voller Sorge um die Verwandten wenden sich viele an die Radiosender oder Internetforen.

von Christiane Oelrich und Klaus Marre

Baton Rouge. Mit knapper Not dem Tod entronnen, hat für tausende Hurrikan-Opfer das nächste Horrorkapitel in dem nicht enden wollenden Albtraum begonnen: Wo sind die Angehörigen? In dem hunderte Quadratkilometer großen Katastrophengebiet funktioniert kein Telefon, kein Computer, und kaum einer hat Strom, um Radio zu hören. Dennoch versuchen tausende Verzweifelte, die sich retten konnten, über Internet und Lokalradio ein Lebenszeichen ihrer Lieben zu bekommen.

Von den Fluten eingeschlossen:
Aus der Luft wird das Ausmaß der Katastrophe deutlich.

Unzählige Anrufe bei lokalen Radiosendern

In Louisiana ist den Stimmen der Anrufer beim Lokalrundfunk die Verzweiflung anzuhören. Eine junge Frau fleht um Hilfe für eine Verwandte, die dringend ein Beatmungsgerät braucht. Der nächste Anrufer bietet Cousins und Tanten an, zu ihm nach Baton Rouge zu kommen. Seine Leute seien in den Superdome, die Footballarena von New Orleans, geflüchtet. Doch wie soll er sie erreichen? „Bitte ruft an“, beschwört er die Verwandten in der Hoffnung, dass sie doch Radio hören können, und gibt gleich seine Nummer durch. Ein anderer Anrufer will wissen, wie es im Nachbarstaat Mississippi aussieht. Fünf Minuten später ruft jemand an und sagt, die ganze Küste dort sei verwüstet. Er wisse nicht, ob man dort überhaupt noch leben könne.

Die Anrufe zeigen, dass alle händeringend nach Informationen suchen. Angehörige kleben am Fernsehschirm und hoffen, dass irgendeine Kamera ihre Lieben vielleicht gefilmt hat. Frances Alexander und Nina Hicks aus Baton Rouge suchen nach einer Tante, Morris Jarvers. Ein paar Leute wollen die alte Dame im Fernsehen auf einem Dach gesehen haben, mit Sanitätern an ihrer Seite.

Radiosender und Zeitungen in den betroffenen Gebieten haben Webseiten für die Suche eingerichtet. „Bin total besorgt! Hat jemand meine Mutter Carol Stakes gesehen?“, schreibt eine Frau auf der Seite des Senders 4wwl. Es ist zwar allen klar, dass die Opfer nicht in der Lage sind, die Suchmeldungen zu sehen, geschweige denn, sich zu melden. Es ist aber ein Hoffnungsschimmer, an den sich viele klammern.

Am Mittwoch gingen endlich die ersten Erfolgsmeldungen ein. Auf der Internetseite der BBC, die ebenfalls Suchmeldungen aufnimmt, schreibt Marlene Lowe aus Schottland: „Ich habe gestern hier um Informationen über meine Schwester in Biloxi gefleht. Ich weiß inzwischen, dass sie in Sicherheit ist!“

9 *Markiere im Text mit einer Farbe alle sachlichen Informationen und in einer zweiten Farbe persönliche Schilderungen und Wertungen.*

10 *Beschreibe die Grundlage der Recherche: Welche Quellen werden genannt?*

---

11 *Wodurch unterscheidet sich die Reportage „Die verzweifelte Suche nach Angehörigen“ (▷ S. 66) von dem Zeitungsbericht „Hunderttausend Flutopfer warten auf Rettung“ (▷ S. 64)? Berücksichtige Aufbau, Inhalt und sprachliche Mittel und notiere dein Ergebnis übersichtlich in deinem Heft, z. B. in Form einer Tabelle.*

Ein **Kommentar** ist ein subjektiv wertender Text, in dem ein namentlich genannter Autor zu einem aktuellen Thema Stellung nimmt. Ziel des Kommentars ist es, die Meinung des Lesers zu beeinflussen. Fakten werden bewertet, Vorgänge problematisiert, manchmal Hintergründe und Zusammenhänge erläutert.

Kommentare ordnen Nachrichtenmeldungen in Zusammenhänge ein, erhellen die Hintergründe und führen Argumente für die eigene Meinung (argumentative Sprache) an. Häufig wird die Meinungsäußerung auch in Form von Aufforderungen oder Wünschen (appellative Sprache) zum Ausdruck gebracht.

Eine **Glosse** ist ein Kurzkommentar in witziger, oft auch polemischer Form.

Schicksal Denglish

von Jens Jessen

Englische Wörter durchsetzen die deutsche Sprache wie Parasiten. Kaum ein Werbespruch (Slogan oder Claim), kaum ein Geschäftstreffen (Meeting) kommt ohne die Beschwörung von Future, Results oder einer Sache namens Freedom aus, die man wahrscheinlich nicht mit Freiheit verwechseln soll. Manchmal werden die englischen Ausdrücke falsch verwendet, oft sind sie lächerlich, fast immer unschön. Neu allerdings ist ihre Ausbreitung nicht, und neu ist auch nicht die Empörung, die bis zum Ruf nach einem Sprachschutzgesetz geht. Neu in der Debatte ist nur die Position, die den Zustrom der Anglizismen rechtfertigt. Das Englische und das Amerikanische, so konnte man in Süddeutscher und FAZ lesen, sei die überlegene Sprache. Das Deutsche, ein schwerfälliges Ungetüm, bekomme die verdiente Quittung für seine Untauglichkeit, der modernen Welt geeigneten Ausdruck zu verleihen. Das ist natürlich Unfug: In jeder Sprache lässt sich sagen, was ihre Sprecher sagen möchten.

12 *Der Text von Jens Jessen ist ein Kommentar. Arbeite die typischen Kennzeichen eines solchen Textes heraus:*
- *a) Unterstreiche im Text die genannten Fakten.*
- *b) Markiere Textpassagen, die die persönliche Meinung des Autors wiedergeben.*
- *c) Unterstreiche zur Kennzeichnung der sprachlichen Mittel in verschiedenen Farben die Mittel des Satzbaus, der Wortwahl, die lautmalerischen Mittel und die sprachlichen Bilder.*
- *d) Benenne in der Randspalte die verwendeten sprachlichen Mittel genauer. Du kannst auch im Glossar (▷ hintere Umschlagklappe) nachschlagen, wenn du dir unsicher bist.*

! Eine **Kritik** oder **Rezension** gibt Informationen über ein kulturelles Ereignis, spiegelt jedoch im Wesentlichen die persönliche Meinung eines Autors oder einer Autorin: z. B. über Konzerte, Theateraufführungen oder Bücher. Die Sprache ist an Anlass und Publikum orientiert, meist finden sich viele rhetorische Stilmittel (s. ▷ hintere Umschlagklappe). Kritiken erscheinen im Ressort **Feuilleton**.

Die Fantastischen Vier – Wortsport

Die Band, die nie behauptet hat, anders zu sein, ist es auch im 15. Jahr ihres Bestehens nicht.

Wortsport vom Feinsten: Fanta Vier in der Olympiahalle

Die Fantastischen Vier sind jetzt auch bald vierzig. Ein Alter, in dem man so langsam weiß, was Ischias[1] ist. Diesen Eindruck kann man jedenfalls bekommen, wenn man einen von ihnen, Smudo, beim Baden in der Menge beobachtet. Statt ungehemmt von der Bühne zu springen, steigt er von einer Absperrung, wälzt sich kurz bis in die zweite, dritte Reihe und plumpst zurück in den Graben – der behäbigste Stagedive[2] des Jahres. Dabei strecken sich 10 000 begeisterte Zuschauer im ausverkauften Olympiastadion, um den Hip-Hop-Opi auf Händen zu tragen – ein triumphaler Auftakt zur Deutschlandtour mit dem aktuellen Album „Viel".

Live bringen sie ihre Songs mit Begleitung durch eine rhythmisch starke Band, ganz in Weiß gekleidet, ohne große Bühneneffekte. Der Rest ist zwei Stunden langes, mitreißendes Reimeschütteln, Lautmalen, Sätzefeilen und Dauerhopsen. Wortsport vom Feinsten, gegen den viele junge Epigonen[3] der schwäbischen Genre-Pioniere ganz schön alt aussehen.

[1] **Ischias:** Rückennerv
[2] **Stagedive:** Sprung von der Bühne ins Publikum
[3] **Epigonen:** Nachahmer

13 *a) Lies den Text, unterstreiche die konkreten Informationen und fasse sie in Stichworten zusammen.*

____

____

b) Kreuze an, wie die sprachliche Gestaltung auf dich wirkt:

- ☐ gesetzt
- ☐ bildreich
- ☐ langweilig
- ☐ ironisch
- ☐ witzig
- ☐ trocken
- ☐ jugendlich
- ☐ anbiedernd

a) Fand der Kritiker das Konzert ansprechend oder nicht? Begründe.

____

b) Untersuche die sprachliche Gestaltung des Textes. Notiere in deinem Heft zentrale Stilmittel (▷ hintere Umschlagklappe), belege die Textstellen durch Zeilenangaben und erkläre ihre Funktion.

Fachbegriffe aus der Zeitungswelt

Zeitungen erscheinen gedruckt oder „online“, also im Internet. Die im folgenden Rätsel gesuchten Fachbegriffe stammen aus beiden Bereichen.

15 a) *Sucht in Partnerarbeit die passenden Fachbegriffe für das Rätsel.*

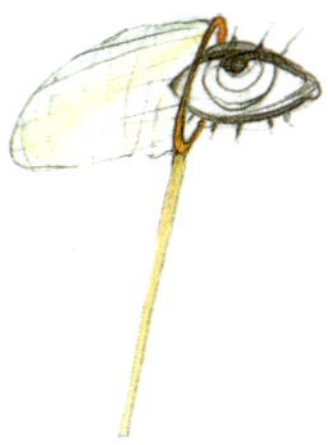

- Blickfang-Text
- Dauerbezug von Zeitungen
- Anziehungspunkt auf der ersten Seite
- Nachforschung
- anschaulicher Bericht über ein aktuelles Ereignis
- thematischer Bereich einer Zeitung
- Informationen zu Herausgebern, Redaktion u. Ä.
- Kulturteil der Zeitung
- Meinungsäußerung eines Redakteurs
- Meinungsäußerung eines Lesers

- elektronisches Gegenstück zum Printmedium
- Verfasser von Zeitungsartikeln
- Internetadresse (einer Zeitung)
- Vermittler von Nachrichten
- spöttisch-kritischer Artikel
- Inhaltsverzeichnis der Online-Zeitung
- täglich ein Stück Literatur
- Er sucht immer Sensationen.

- Spottname für kleine Zeitung
- kritisch-spöttische Zeichnung
- das Wichtigste in Kurzform
- erste Seite einer Website
- Aufbauprinzip einer Meldung
- optische Gestaltung der Zeitung

b) Lösungsbegriff: ____________________

16 *Der Lösungsbegriff bezeichnet ein demokratisches Grundrecht. Erkläre, warum dieses wichtig ist. Schreibe zwei stützende Begründungen (▷ S. 10) und Beispiele auf.*

____

____

____

____

____

____

Die Website
Als Website bezeichnet man die Gesamtzahl der Seiten, die im Internet unter einer URL (engl. *uniform resource location*, Internetadresse) zu finden sind. Die Startseite wird auch als **Homepage** bezeichnet.
Das **Internet** ermöglicht als elektronisches Medium gegenüber dem Printmedium (von engl. *print* = Druck) Zeitung eine sehr viel flexiblere und aktuellere Aufbereitung von Daten oder Nachrichten.
Um die Daten im Internet verfügbar zu machen, wird eine Website in einer so genannten Beschreibungssprache programmiert, häufig ist dies **HTML**. Um sie „lesen" zu können, braucht der Anwender einen **Browser** (engl. *browse* = schmökern), das ist eine Software zum Finden, Verwalten und Ansehen von Websites.
Die elektronische Präsentation ermöglicht vielfältige Verknüpfungen von Daten durch so genannte **Hyperlinks** sowie animierte Bilder und Klänge.

Die beiden Homepages großer Tageszeitungen sind, wie viele der Zeitungsartikel auf den Seiten 62–65, am 2. 9. 2005 erschienen (man sagt: ... ins Netz gestellt worden).

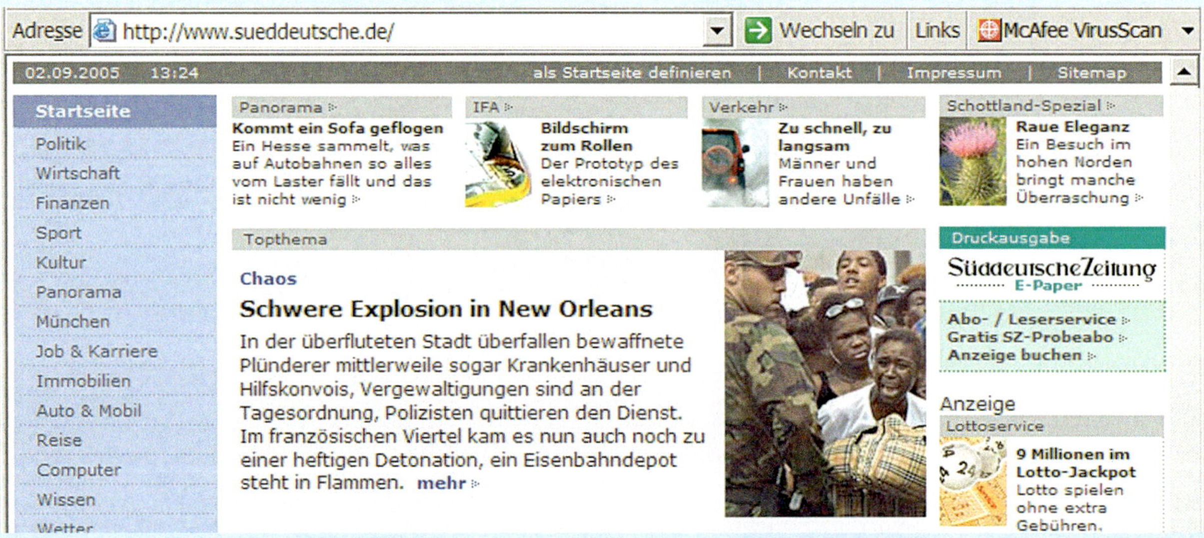

17 *Schau dir die Homepages genau an.*

a) Stelle die Layout-Merkmale beider Homepages im Vergleich mit dem klassischen Zeitungslayout des Printmediums (▷ S. 62–63) zusammen.

Layout-Merkmale		
Printmedium: Süddeutsche Zeitung, S. 62	**Website: Süddeutsche Zeitung, S. 70**	**Website: Frankfurter Rundschau, S. 70**

b) Welche Gemeinsamkeiten oder Unterschiede stellst du fest?

☆ **18** *Falls du Zugang zum Internet hast, schau dir die aktuellen Homepages an:*
www.sueddeutsche.de *www.frankfurter-rundschau.de*

a) Probiere aus, welche Verknüpfungen (Hyperlinks) sich öffnen lassen.
Was im Printmedium ein „Inhaltsverzeichnis" ist, nennt man bei einer Website „Navigationsleiste". Beschreibe die Funktionen der Navigationsleiste.

b) Ziehe abschließend einen Vergleich: Welches Medium kommt deinem Informationsinteresse näher – die gedruckte oder die Online-Zeitung? Begründe.

Sachtexte auswerten

!

Sachtexte werden mit unterschiedlichen **Absichten** geschrieben. Es gibt: Texte, die etwas **darstellen** und **Wissen vermitteln**, sowie Texte, die **Meinungen und Überzeugungen beeinflussen** wollen.
Um einen Sachtext angemessen zu erschließen, gehst du am besten Schritt für Schritt vor:

1. Erstes Lesen – sich einen Überblick verschaffen
2. Eigene Fragen an den Text formulieren; Randbemerkungen notieren
3. Gründlich lesen – Unverstandenes klären
4. Aussagen einzelner Sinnabschnitte erkennen
5. Abschließend lesen – Kerninformationen entnehmen und ordnen

Die Jugendzeitschrift „Geolino“ berichtete im Sommer 2005 über Weltumrundungen.

Martin Verg
Zu Land, zu Wasser und in der Luft

Vor knapp 500 Jahren glückte die erste Reise rund um die Erde. Seither haben sich die Menschen immer wieder auf den weiten und oft beschwerlichen Weg gemacht: weil sie das Abenteuer suchen und Geschichte schreiben wollen.

So ein Ärger! Karl Bushby kommt zu spät. Ein paar Tage mindestens, wahrscheinlich sogar ein paar Wochen. Als der Engländer am 27. März 2005 die Westküste Alaskas erreicht, hat bereits Tauwetter eingesetzt. Eigentlich wollte Bushby von hier aus die noch zugefrorene Beringstraße

Alleingang: Karl Bushby unterwegs in Chile. In dem südamerikanischen Land brach er vor beinahe sieben Jahren zum Fußmarsch um die Erde auf. Inzwischen hat er fast die Hälfte geschafft.

überqueren, also jene Meerenge, die Amerika von Asien trennt. Doch das Eis ist bereits geschmolzen – und sein Plan

Vier Jahre verbrachte Peter Smolka im Sattel, bis er im Sommer 2004 nach 71 000 Kilometern auf dem Rad wieder zu Hause in Erlangen war.

gescheitert. Nun heißt es warten. Bis zum nächsten Herbst, wenn die See wieder zufriert und Bushby seinen Marsch fortsetzen kann. Aber warum nimmt der Mann nicht ein Schiff? Oder ein Flugzeug? Weil Bushby ein Ziel hat. Und das heißt: die Erde umrunden – zu Fuß! Vor fast sieben Jahren ist der heute 36-Jährige in Patagonien, am südlichsten Zipfel Südamerikas, losmarschiert. Rund 27 000 Kilometer hat er seither zurückgelegt – knapp die Hälfte der Strecke, die ihn nicht nur über die Beringstraße führt, sondern auch durch sechs Wüsten, sieben Gebirge und insgesamt 25 Länder. Frühestens im Jahr 2009, schätzt der Wandersmann, wird er wieder zu Hause in England sein.

Ist Bushby verrückt? Ein bisschen vielleicht, aber damit

Der Portugiese Ferdinand Magellan brach 1519 mit fünf Schiffen auf, um einen neuen Seeweg nach Asien zu finden. Magellan kam unterwegs um. Einer seiner Kapitäne führte die Expedition erfolgreich fort und vollbrachte damit nebenbei die erste Weltumrundung aller Zeiten.

Eine Frau, ein Boot! Nur 71 Tage, 14 Stunden, 18 Minuten und 33 Sekunden brauchte die Britin Ellen MacArthur mit ihrem Hightech-Segler für die mehr als 50 000 Kilometer. Start und Ziel lagen vor der Westküste der Bretagne. Noch kein Mensch hat die Welt ganz auf sich allein gestellt schneller umsegeln können.

befindet er sich in guter Gesellschaft. Die Erde umrunden – immer schneller oder auf immer neue Weise –, das ist seit langem ein Traum vieler Menschen: Wissenschaftler, Abenteurer und Rekordjäger. Ihre Beweggründe sind dabei so unterschiedlich wie die Wege, die sie wählen.

Ein Rückblick: Am 20. September 1519 legen fünf Schiffe aus dem spanischen Hafen Sanlúcar de Barrameda ab. Unter dem Kommando des Portugiesen Ferdinand Magellan segeln sie über den Atlantik mit Kurs auf Amerika. Magellans Auftrag: Er soll eine westliche Schiffsroute zu den Gewürzinseln Südostasiens finden (siehe Karte S. 74). Ein kühnes Unterfangen! Solch eine Fahrt ist noch keinem gelungen. Viele zweifeln, dass es diesen Weg überhaupt gibt: Bislang kennen die Seefahrer nur jene Route nach Osten, die um Afrika herumführt. Doch wenn man in die entgegengesetzte Richtung fährt – nach Westen um das gerade entdeckte Amerika herum –, müsste man doch ebenso bei den Gewürzinseln ankommen. Vorausgesetzt, die Erde ist wirklich eine Kugel! Dieser Gedanke ist damals noch ziemlich neu und hat längst nicht jeden überzeugt.

Magellan kommt um, bevor seine Expedition ihr Ziel erreicht. Doch einer seiner Kapitäne, Juan Sebastián Elcano, setzt die Reise fort – bis zu den Gewürzinseln und weiter: um Afrika herum zurück nach Europa. Nach drei Jahren – und mit nur noch einem Schiff – erreicht er Spanien. Die erste Weltumrundung der Geschichte ist vollbracht. Und die Kugelform der Erde bewiesen.

Wo ist Amelia Earhart? Die wohl berühmteste Pilotin aller Zeiten ist 1937 bei ihrem Flug um die Erde über dem Pazifik verschollen.

Nun könnte man sich bequem im Sessel zurücklehnen und sagen: Aha, die Erde ist rund und lässt sich umschiffen. Doch manch einer hat danach nur noch ein Ziel: Das will ich nachmachen – nur anders. Wie Joshua Slocum. Der Amerikaner segelte zwischen 1895 und 1898 als erster Mensch ganz allein um die Erde. Oder Ellen MacArthur, die erst 28-jährige Britin, die im Februar 2005 ihre einsame Seefahrt vollendete: Sie brauchte nicht drei Jahre, sondern nur knapp zweieinhalb Monate für die Weltumrundung. Oft geht es nicht allein um Zähigkeit, Mut und Können eines Abenteurers. Auch die Technik macht immer neue Rekordversuche möglich. Im 20. Jahrhundert eroberten die Menschen den Himmel als neue Rennstrecke: 1929 steuerte der deutsche Zeppelin-Kapitän Hugo Eckener sein Luftschiff um die Erde, zwei Jahre darauf folgte das erste Motorflugzeug. 1949 gelang es sogar, den Planeten ohne

Von 1872 bis 1876 war die britische „Challenger“ unterwegs und untersuchte dabei fast jeden Winkel unseres Planeten. Fast 20 Jahre dauerte es nach der Rückkehr des Forschungsschiffes, die wissenschaftlichen Beobachtungen der Mannschaft auszuwerten.

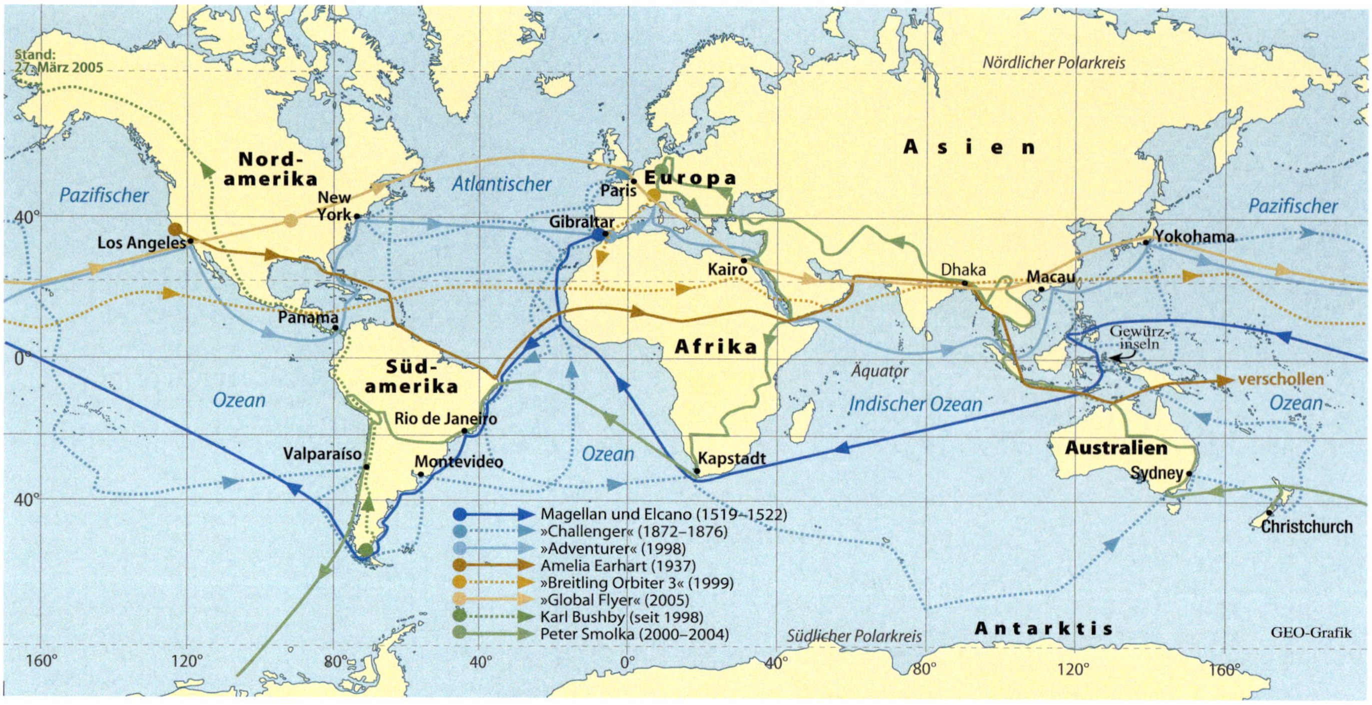

einen einzigen Zwischenstopp zu bezwingen: Das Flugzeug vom Typ Boeing B-50A, liebevoll „Lucky Lady" getauft, wurde unterwegs in der Luft betankt. Den vorerst letzten Flugrekord stellte jüngst der Amerikaner Steve Fossett auf. Am 28. Februar 2005 hob der 60-Jährige mit seinem Spezialflugzeug „Global Flyer" im US-Bundesstaat Kansas ab, wo er exakt 67 Stunden und zwei Minuten später wieder landete: der erste Alleinflug über 37 000 Kilometer, ohne Zwischenlandung und Luftbetankung. Allerdings auch ohne Toilette und feste Nahrung: Weil Fossett zwischendurch nicht mal austreten konnte, trug er eine Windel, und als Verpflegung gab es morgens, mittags und abends Milchshakes. Die Rekordjagd wird wohl niemals enden. Es gibt bereits Segler, die ganz verwegen zur Weltreise in See stechen – gegen die vorherrschende Windrichtung! Vielleicht wird bald der erste Mensch am Hängegleiter um den Äquator schweben. Oder auf einem Bein von Pol zu Pol hüpfen. Das ist zwar anstrengend, aber es lohnt sich: Magellan und Elcano kamen in die Geschichtsbücher. Fossett, MacArthur und Bushby – falls er England erreicht – sind so etwas wie moderne Helden, an die wir uns erinnern. Zumindest für ein paar Jahre. Bis zum nächsten Rekord.

Ein schwimmendes Raumschiff? 35 Meter lang ist die „Adventurer" und bietet 16 Menschen Platz. Das Schiff ist so konstruiert, dass es mit möglichst wenig Treibstoff auskommt. 1998 gelang so eine Rekordfahrt: um die Erde in knapp 75 Tagen – inklusive Besuch in 15 verschiedenen Häfen.

Gold für die Silberkugel: In diesem Ballon ließen sich 1999 Bertrand Piccard und Brian Jones als Erste vom Wind um die Welt wehen, ohne einmal zu landen.

1. Schritt: Erstes Lesen – sich einen Überblick verschaffen

1 *Überfliege den Text ein erstes Mal. Schreibe in einem Satz auf, worum es geht.*

____

____

2 *Noch bevor du einen Text genau gelesen hast, fallen dir bestimmte Einzelheiten auf. Kreuze an, mit welchen Darstellungsmitteln dieser Text arbeitet:*

- [ ] Foto(s)
- [ ] Überschrift(en)
- [ ] Tabelle(n)
- [ ] Hervorhebung(en) im Text
- [ ] Zwischenüberschrift(en)
- [ ] Abschnitt(e)
- [ ] Infografik(en)
- [ ] Bildunterschrift(en)

2. Schritt: Eigene Fragen an den Text formulieren

3 a) *Halte in Stichworten fest, was du bereits über das Thema weißt.*

____

____

b) *Formuliere zwei Fragen, die dir beim ersten Lesen des Textes in den Sinn gekommen sind.*

____

____

c) *Notiere am Rand, was dir darüber hinaus auffällt.*

3. Schritt: Gründlich lesen – Unverstandenes klären

4 *Lies den Text noch einmal sorgfältig.*

a) *Unterstreiche mit Bleistift wichtige Informationen.*

b) *Falls du einzelne Begriffe nicht kennst, musst du deren Bedeutung nachschlagen. Notiere dir unklare Begriffe und deren Bedeutung(en) in deinem Heft.*

c) *Der Text enthält zwei große Sinnabschnitte. Formuliere Überschriften zu diesen beiden Sinnabschnitten und schreibe sie neben die folgenden Zeilenangaben:*

Zeile 1–29: ____________________ Zeile 30–94: ____________________

5 *Welche Weltumrundung wird im ersten Sinnabschnitt beschrieben (Z. 1–29)? Markiere die Schlüsselwörter und beantworte mit ihrer Hilfe die W-Fragen:*

Wo? ______________________________

Wann? ______________________________

Wer? ______________________________

Wie? ______________________________

Warum? ______________________________

Welche Folgen? ______________________________

6 *Schau dir die Infografik auf S. 74 an. Worum geht es hier?*
a) Formuliere eine Überschrift für diese Infografik.

b) Lies die Legende (Zeichenerklärung) der Infografik. Beschreibe in einem Satz, was hier dargestellt wird und welchen Zeitraum die Darstellung umfasst.

4. Schritt: Aussagen einzelner Sinnabschnitte erkennen

7 *a) Im zweiten Textabschnitt (▷ S. 73/74, Z. 30–94) geht es um verschiedene Expeditionen und Entdeckungsreisen. Lies diesen Abschnitt und markiere wichtige Schlüsselwörter. Betrachte auch die Grafik, die Bilder und lies die Bildunterschriften.*
b) Arbeite am Computer oder in deinem quer gelegten Heft eine Tabelle nach folgendem Muster aus.

Reisende/r	Beginn/Jahr	Start- und Zielort	Transportmittel	Besonderheit	Dauer der Reise	Sonstige Informationen
Magellan/ Elcano	20.9.1519	Sanlúcar de Barrameda/ Spanien – Gewürzinseln/ Südostasien	Segelschiff	entgegen der bekannten Route gesegelt, übers Ziel hinaus die Welt umrundet	3 Jahre	Beweis, dass die Erde rund ist

c) Trage die Informationen aus dem zweiten Textabschnitt (▷ S. 73/74, Z. 30–94) in deiner Tabelle übersichtlich zusammen.
d) Werte abschließend deine Tabelle aus und beantworte folgende Fragen:

Welche abgeschlossene Reise ist die jüngste? ____________________

Wurden alle Weltumrundungen mit Erfolg abgeschlossen? ____________________

Welche Weltumrundung war die schnellste? ____________________

8 *Kreuze an, welche der folgenden Aussagen „richtig" und welche „falsch" ist.*

	richtig	falsch
Der Text fasst die Informationen aus der Infografik zusammen.	☐	☐
Der Text enthält zusätzliche Informationen.	☐	☐
Der Text passt nicht zur Infografik.	☐	☐
Die Infografik gibt Auskunft über Zeitpunkt oder Dauer der dort gezeigten Weltumrundungen.	☐	☐

9 *Entscheide, welche Absicht dieser Sachtext verfolgt und kreuze an:*

☐ Er will unterhalten und Wissen vermitteln.

☐ Er will den Leser oder die Leserin von einer Meinung überzeugen.

5. Schritt: Abschließend lesen – Kerninformationen entnehmen

10 *a) Lies den Text erneut.*
b) Fasse den Inhalt des Textes ganz kurz für deinen Tischnachbarn oder deine Tischnachbarin zusammen und sprich eine Empfehlung aus: Welche Weltumrundung fandest du so spannend, dass es sich bestimmt lohnt, weitere Informationen zusammenzutragen?

Die Literatur des Barocks – Lebensgenuss und Weltabkehr

!

Der Begriff „Barock“ bezeichnet die **europäische Epoche** zwischen (etwa) **1580 und 1700** in Malerei (Michelangelo, Rembrandt), Literatur (Opitz, Gryphius, von Grimmelshausen), Architektur (Balthasar Neumann, Bernini) und Musik (J. S. Bach, Händel).
Im 17. Jahrhundert verstanden sich die Fürsten als alleinige, von Gott an ihren Platz gesetzte Herrscher (**Absolutismus**). Der Repräsentation und der Demonstration von Macht wurde höchster Wert beigemessen. Andererseits war das Lebensgefühl der Menschen von einer **tiefen Religiosität** geprägt. Nicht enden wollende Kriege und Verfolgung (z. B. der Dreißigjährige Krieg), Krankheiten (z. B. die Pest) und Not galten als Beweis dafür, dass das irdische Leben vergänglich und wertlos sei und man als eigentliches Lebensziel den Zutritt zum Paradies anstreben müsse.
Diese **Gegensätze** prägen auch die barocke Kunst: Diesseits und Jenseits, Lebensgenuss und Weltangst, Verspieltheit und Strenge, Sinnenlust („Carpe diem“ – genieße, nutze den Tag) und Todesbewusstsein („Memento mori“ – denke daran, dass du sterben musst) stehen einander gegenüber.

1 *Beschreibe, worin sich im nebenstehenden Gemälde des spanischen Prinzen Philipp IV. das typisch barocke Bestreben nach Repräsentation und Machtdemonstration des absoluten Fürsten zeigt. Sammle hier Stichworte und arbeite die Beschreibung in deinem Heft aus.*

Diego Velázquez, Porträt des Philipp IV. zu Pferd (1634/35)

†
Wo
✣ Klug= ✣
Fr= Seyn keit
omm= und Mildig
in
ei=
nem
Staat
das
Zepter
füh=
ren :
Dar
kan
man
nichtſ
als
Wolſtand
ſpü=
ren / da
wird
GOTT
und
die Welt
erfr=
eut.
✣

2 *Das darstellende Figurgedicht links schrieb der Nürnberger Sigmund von Birken (1626–1681).*
a) Lies das Gedicht.
b) Schreibe den Wortlaut der ersten zwölf Verse auf.

c) Schreibe in Stichworten auf, woran dich die Form des Gedichtes erinnert und welche Aussageabsicht der Autor damit verbindet.

3 *a) Fasse im Heft den Inhalt des Gedichtes mit eigenen Worten zusammen.*
☆ *b) Überlege, inwiefern sich Sigmund von Birken kritisch mit dem Machtstreben barocker Fürsten auseinandersetzt.*

> **!** Eine für den Barock typische Kunstform ist das **Emblem** (wörtlich: Sinnbild). Es besteht aus einem **Bild**, der *Pictura*, einer **sentenzhaften Überschrift** (*Inscriptio, Motto*) und einem den Bildinhalt deutenden **Epigramm** (*Subscriptio*; dichterisch geformter Gedanke), meist in lateinischer Sprache. In der formalen Strenge des Emblems drückt sich die Weltanschauung des Barocks aus, nämlich: der Glaube an eine sinnvolle, von Gott geschaffene und geordnete Welt, in die der Mensch eingebettet ist. Die Wahrheit der von Gott geordneten Welt zeigt sich im Emblem.

4 *Enträtsele das folgende Emblem. Beantworte die nebenstehenden Arbeitsaufträge in deinem Heft.*

Inscriptio:
„Schau diesen an und sei fromm."

Pictura:
Hand aus den Wolken hält ein menschliches Gerippe; dahinter Szenen des täglichen Lebens und eine Kirche.

Subscriptio:
„Du willst fromm sein: sieh dir nur diesen an, der einst war, was du bist, und, was du sein wirst, bald schon selbst sein wird: Asche."

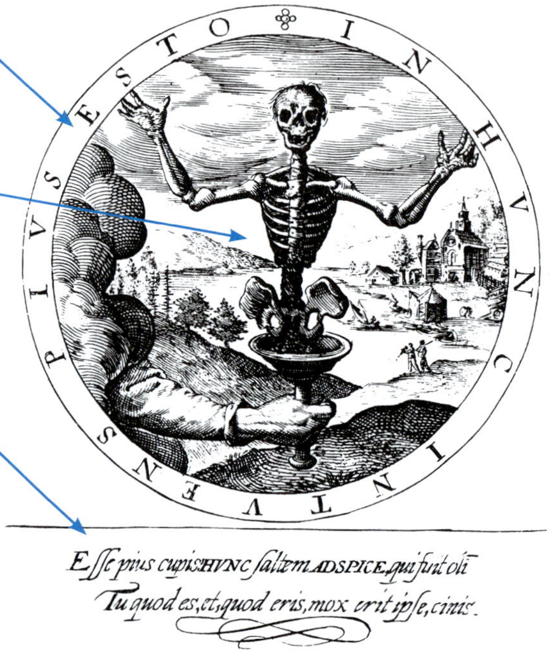

a) *Arbeite heraus, welche Beziehungen zwischen **Inscriptio, Pictura** und **Subscriptio** existieren.*
b) *Erkläre, welche Bedeutung die einzelnen Elemente der **Pictura** haben.*
c) *Fasse zusammen, welches Bild vom Menschen hier entworfen wird.*

5 a) *Lies das folgende Gedicht von Hoffmannswaldau genau durch.*
b) *Markiere dir unklare Begriffe und schlage sie in einem Lexikon nach.*
☆ c) *Fasse im Heft mit eigenen Worten zusammen, welche Vorstellungen von Beschaffenheit und Sinn des menschlichen Lebens im vorausgegangenen Emblem und im folgenden Gedicht deutlich werden.*
☆ d) *Entwirf ein eigenes Emblem nach dem Vorbild des oben abgedruckten. Benutze die Bilder und Metaphern des Gedichts „Die Welt" als Vorlage und füge eine passende Inscriptio und Subscriptio hinzu.*

Christian Hoffmann von Hoffmannswaldau
Die Welt

Was ist die Welt und ihr berühmtes Glänzen?
Was ist die Welt und ihre ganze Pracht?
Ein schnöder Schein in kurzgefassten Grenzen,
Ein schneller Blitz bei schwarzgewölkter Nacht,
Ein buntes Feld, da Kummerdisteln grünen,
Ein schön Spital, so voller Krankheit steckt,
Ein Sklavenhaus, da alle Menschen dienen,
Ein faules Grab, so [*das*] Alabaster deckt.
Das ist der Grund, darauf wir Menschen bauen
Und was das Fleisch für einen Abgott hält.
Komm, Seele, komm und lerne weiter schauen,
Als sich erstreckt der Zirkel dieser Welt!
Streich ab von dir derselben kurzes Prangen,
Halt ihre Lust für eine schwere Last:
So wirst du leicht in diesen Port[1] gelangen,
Da Ewigkeit und Schönheit sich umfasst.

[1] **Port:** Hafen

Barock und Gegenwart: Gedichte thematisch vergleichen

Thema: Liebe
Die Liebesgedichte des Barocks sind vom **Gegensatz zwischen Lebensgenuss und Weltabkehr**, zwischen Hoffnung auf Freude und Erfahrungen von Leid bestimmt. Treue und Beständigkeit einerseits und unerfüllte oder flatterhafte Liebe andererseits sind oftmals Gegenstand dieser Gedichte. Viele sind nicht an eine bestimmte Person gerichtet, sondern dienen der Unterhaltung am Fürstenhof und demonstrieren dichterisches Können. Das Thema Liebe ist ein überzeitliches, das sich auch in der heutigen Literatur findet. Beim **Gedichtvergleich** werden Gemeinsamkeiten und Unterschiede herausgearbeitet.

Christian Hoffmann
von Hoffmannswaldau

Wo sind die Stunden ... (1679)

Wo sind die stunden
Der süßen zeit /
Da ich zu erst empfunden /
Wie deine lieblichkeit
Mich dir verbunden?
Sie sind verraucht / es bleibet doch dabey /
Daß alle lust vergänglich sey.

[...]

Ich schwamm in freude /
Der liebe hand
Spann mir ein kleid von seide /
Das blat hat sich gewand /
Ich geh' im leide /
Ich wein' itzund[1] / daß lieb und sonnenschein
Stets voller angst und wolcken seyn.

[1] **itzund:** jetzt

1 *a) Lies das Gedicht von Hoffmannswaldau.*
b) Notiere in Stichworten:
- ☐ *Welchen Stunden wird im Gedicht „Wo sind die Stunden ..." nachgetrauert und*
- ☐ *welche Empfindungen und Erlebnisse werden mit diesen Stunden verbunden?*

2 *Fasse die vom Sprecher des Gedichtes gezogene Lehre mit eigenen Worten zusammen.*

Marie Luise Kaschnitz

Am Strande (1957)

Heute sah ich wieder dich am Strand
Schaum der Wellen dir zu Füßen trieb
mit dem Finger grubst du in den Sand
Zeichen ein, von denen keines blieb.

Ganz versunken warst du in dein Spiel
mit der ewigen Vergänglichkeit,
Welle kam Stern und Kreis zerfiel
Welle ging und du warst neu bereit.

Lachend hast du dich zu mir gewandt
ahntest nicht den Schmerz, den ich erfuhr:
Denn die schönste Welle zog zum Strand
und sie löschte deiner Füße Spur.

3 *a) Lies das Gedicht von Marie Luise Kaschnitz.*
b) Fasse in Stichworten den Inhalt des Gedichtes zusammen.
c) Formuliere in einem Satz von welchem „Schmerz" in Vers 10 die Rede sein könnte.

4 *a) Markiere in beiden Gedichten die geschilderten Stimmungen und Gefühle.*
b) Vergleiche die Stimmungen und Gefühle, die in den beiden Gedichten beschrieben werden, indem du sie in Form einer Tabelle gegenüberstellst.
c) Welche Gemeinsamkeiten kannst du feststellen? Haltet in einem Satz das Ergebnis des Gedichtvergleichs fest.

Barock und Gegenwart – Inhalte von Gedichten erschließen

Gedichte beschäftigen sich mit vielfältigen Themen wie Liebe (▷ S. 79), Politik, Religion, Gesellschaft oder auch dem persönlichen Schicksal des Dichters oder der Dichterin. Sie zeigen weniger eine neutrale Beobachtung, sondern vielmehr eine subjektive Wahrnehmung. Gedichte sind immer auch ein Spiegel für Gedanken, Gefühle und Stimmungen. Oft ist das im Gedicht Gesagte nur symbolhaft zu verstehen und will auf etwas Allgemeines hinweisen. Deshalb muss man Gedichte interpretieren (lat: deuten, auslegen), um sie zu verstehen. Erschließe den Inhalt eines Gedichtes, indem du

- die im Gedicht entwickelten Gedanken nachvollziehst,
- die Bedeutung der verwendeten sprachlichen Bilder klärst und
- über die im Gedicht aufgeworfenen Fragen eigenständig nachdenkst.

Catharina Regina von Greiffenberg (1633–1694) war die berühmteste Dichterin des Barocks. Sie gehörte den wichtigsten Dichterkreisen ihrer Zeit an und vertrat in ihrer Lyrik eine überschwängliche Frömmigkeit.

1 *a) Lies dir das folgende Gedicht mehrmals durch. Die Anmerkungen helfen dir, den Text zu verstehen.*
b) Fasse jede Strophe neben dem Gedicht knapp in eigenen Worten zusammen.

Catharina Regina von Greiffenberg

GOtt=lobende Frühlings=Lust.

ACh seht das Sieg=Gepräng[1] des Höchsten[2] hier erscheinen! __________
der Frühling ihm den[3] Fahn der Güldnen Sonn vorträgt. __________
Favonius[4] mit Pracht die Heerpauck[5] rührt und schlägt: __________
Trompeter geben ab die süssesten der seinen.[6] __________

Das singend Lufft=Heer[7] kommt / die großen mit den kleinen: __________
Ein jeds / an Lorbeer statt[8] / was neu=gewachsnes hegt. __________
Das bundte Blumen=Kleid / die Erd' ihm unterlegt. __________
Er sitzet auf dem Thron von blauen Saphir=Steinen. __________

Die Kron ist / Sieg und Freud; des Sieges Frucht / das Leben;[9] __________
des ganzen Wesen Werk / das JubelLob=Geschrey / __________
der Athem aller Ding / so nun aufs neue neu / __________

die durch die frische Lufft still=lautes Lob ihm geben.[10] __________
Der Nordwind / Eyß und Schnee / hier die Leibeignen[11] seyn. __________
Mein schlechtes Blat[12] / das sey des Sieges Denkmal=Stein. __________

[1] Siegeszug; [2] Gott; [3] die (Fahne); [4] Westwind; [5] Marschtrommel; [6] hier: Trompetenklänge; [7] Vögel; [8] statt Lorbeer (als Siegeszeichen); [9] gemeint ist der Neubeginn des Lebens im Frühling und – übertragen – nach dem Tod im Paradies; [10] ihm = Gott; [11] hier: Gefangene; [12] „schlechtes Blat", demütig für „Gedicht"

!

Ein Kennzeichen von Gedichten ist die **bildhafte Verwendung von Sprache**. Dabei wird die Bedeutung einer Sache auf eine andere Sache übertragen, Assoziationen entstehen. Wichtige Möglichkeiten des bildhaften Sprechens sind:

- **Vergleich** – zwei verschiedene Vorstellungen werden durch ein Vergleichswort („wie", „als") miteinander verknüpft, z. B.: „Sein Boot war nicht größer als eine Nussschale."
- **Metapher** – sprachliches Bild, das eine übertragene Bedeutung beinhaltet, z. B.: „Mit seiner Nussschale wagte er sich aufs Meer."
- **Personifikation** – Pflanzen, Tieren oder Dingen werden menschliche Verhaltensweisen und Eigenschaften zugesprochen, z. B.: „Das Boot ächzte unter der Last."
  (▷ Rhetorische Stilmittel, hintere Umschlagklappe)

2 *a) Unterstreiche im Gedicht GOtt=lobende Frühlings=Lust (▷ S. 80) alle Metaphern rot und alle Personifikationen blau.*
b) Lege dem Beispiel folgend in deinem Heft eine Tabelle mit diesen Metaphern und Personifikationen an und erkläre ihre Bedeutung.

Metaphern	Personifikationen	Bedeutung
Sieg=Gepräng des Höchsten (Vers 1)		Triumphzug Gottes
	Frühling trägt Sonnenfahne (Vers 2)	sonnige Frühlingstage werden häufiger

3 *Beschreibe die Stimmung, die im Gedicht ausgedrückt ist.*

4 *a) In diesem Gedicht geht es nur vordergründig um eine Jahreszeit. Lege dar, wie das Bild des „Frühlingseinzuges" zu deuten ist.*

b) Erkläre, wie du den letzten Vers „Mein schlechtes Blat / das sey des Sieges Denkmal=Stein" verstehst.

☆ **5** *Zeichne zu diesem Gedicht ein Emblem (▷ S. 78) mit der Inscriptio „GOtt=lobende Frühlings=Lust" in dein Heft.*

6 *Lies das folgende Gedicht von Erich Kästner.*

Erich Kästner

Der Mai (1955)

Im Galarock des heiteren Verschwenders,
ein Blumenzepter in der schmalen Hand,
fährt nun der Mai, der Mozart des Kalenders,
aus seiner Kutsche grüßend, übers Land.

Es überblüht sich, er braucht nur zu winken.
Er winkt! Und rollt durch einen Farbenhain.
Blaumeisen flattern ihm voraus und Finken.
Und Pfauenaugen flügeln hinterdrein.

Die Apfelbäume hinterm Zaun erröten.
Die Birken machen einen grünen Knicks.
Die Drosseln spielen, auf ganz kleinen Flöten,
das Scherzo aus der Symphonie des Glücks.

Die Kutsche rollt durch atmende Pastelle.
Wir ziehn den Hut. Die Kutsche rollt vorbei.
Die Zeit versinkt in einer Fliederwelle.
O, gäb es doch ein Jahr aus lauter Mai!

Melancholie und Freude sind wohl Schwestern.
Und aus den Zweigen fällt verblühter Schnee.
Mit jedem Pulsschlag wird aus Heute Gestern.
Auch Glück kann weh tun. Auch der Mai tut weh.

Er nickt uns zu und ruft: „Ich komm ja wieder!"
Aus Himmelblau wird langsam Abendgold.
Er grüßt die Hügel, und er winkt dem Flieder.
Er lächelt. Lächelt. Und die Kutsche rollt.

7 *Fasse in deinem Heft kurz mit eigenen Worten zusammen, worum es in diesem Gedicht geht.*

8 *a) Unterstreiche im Gedicht die Metaphern rot und die Personifikationen blau (▷ Rhetorische Stilmittel, Umschlagklappe).*
b) Schreibe die Metaphern und Personifikationen der ersten und der letzten Strophe heraus und entschlüssele sie.

Strophe 1		Strophe 6	
sprachliches Bild	**Bedeutung**	**sprachliches Bild**	**Bedeutung**
Galarock	in schönster Pracht		

9 *Deute den Vers „Melancholie und Freude sind wohl Schwestern" (V. 17).*

Dramenszenen untersuchen

Dramentexte sind in **Dialogform** verfasst. Dramen sind in der Regel für eine **Inszenierung** (Theateraufführung) vorgesehen, **Regieanweisungen** geben Umsetzungshilfen.
Die klassische Form des Dramas weist einen Aufbau in **Akte** (Aufzug, geschlossene Handlungseinheit) und **Szenen** (kleine Einheit eines Aktes) auf.

Bei der Untersuchung und Interpretation einer Dramenszene kannst du dich an folgenden Aspekten orientieren:
- **Stellung der Szene im Handlungsverlauf**,
- **Inhalt** und **Aufbau** der Szene,
- **Figuren**, ihre Tätigkeiten und Verhaltensweisen und ihr Verhältnis zueinander,
- Bedeutung der Szene für die **Aussage** und die **Wirkungsabsicht** des Dramas.

Friedrich Dürrenmatt hat das Drama „Der Besuch der alten Dame", erschienen und uraufgeführt im Jahr 1955, „Tragische Komödie" genannt. In der folgenden Szene erklärt die Hauptfigur, Claire Zachanassian, ihren früheren Mitbürgern, warum sie – inzwischen reich verheiratet – in die Kleinstadt Güllen zurückgekehrt ist.

1 *Lies den Dramenauszug.*

Friedrich Dürrenmatt

Der Besuch der alten Dame

Erster Akt, letzte Szene

CLAIRE ZACHANASSIAN Bürgermeister, Güllener. Eure selbstlose Freude über meinen Besuch rührt mich. Ich war zwar ein etwas anderes Kind, als ich nun in der Rede des Bürgermeisters vorkomme, in der Schule wurde ich geprügelt, und die Kartoffeln für die Witwe Boll habe ich gestohlen, gemeinsam mit Ill, nicht um die alte Kupplerin vor dem Hungertode zu bewahren, sondern um mit Ill einmal in einem Bett zu liegen, wo es bequemer war als im Konradsweilerwald oder in der Peterschen Scheune. Um jedoch meinen Beitrag an eurer Freude zu leisten, will ich gleich erklären, daß ich bereit bin, Güllen eine Milliarde zu schenken. Fünfhundert Millionen der Stadt und fünfhundert Millionen verteilt auf alle Familien.
Totenstille
DER BÜRGERMEISTER *stotternd* Eine Milliarde.
Alle immer noch in Erstarrung.
CLAIRE ZACHANASSIAN Unter einer Bedingung.
Alle brechen in einen unbeschreiblichen Jubel aus. Tanzen herum, steigen auf die Stühle, der Turner turnt usw. Ill trommelt sich begeistert auf die Brust.
ILL Die Klara! Goldig! Wunderbar! Zum Kugeln! Voll und ganz mein Zauberhexchen!
Er küßt sie.
DER BÜRGERMEISTER Unter einer Bedingung, haben gnädige Frau gesagt. Darf ich diese Bedingung wissen?
CLAIRE ZACHANASSIAN Ich will die Bedingung nennen. Ich gebe euch eine Milliarde und kaufe mir dafür die Gerechtigkeit.
Totenstille.
DER BÜRGERMEISTER Wie ist dies zu verstehen, gnädige Frau?
CLAIRE ZACHANASSIAN Wie ich es sagte.
DER BÜRGERMEISTER Die Gerechtigkeit kann man doch nicht kaufen!
CLAIRE ZACHANASSIAN Man kann alles kaufen.
DER BÜRGERMEISTER Ich verstehe immer noch nicht.
CLAIRE ZACHANASSIAN Tritt vor, Boby.
Der Butler tritt von rechts in die Mitte zwischen die drei Tische, zieht die dunkle Brille ab.
DER BUTLER Ich weiß nicht, ob mich noch jemand von euch erkennt.
DER LEHRER Der Oberrichter Hofer.
DER BUTLER Richtig. Der Oberrichter Hofer. Ich war vor fünfundvierzig Jahren Oberrichter in Güllen und kam dann ins Kaffiger Appellationsgericht, bis mir vor nun fünfundzwanzig Jahren Frau Zachanassian das Angebot machte, als Butler in ihre Dienste zu treten. Ich habe angenommen. Eine für einen Akademiker vielleicht etwas seltsame Karriere, doch die angebotene Besoldung war derart phantastisch –
CLAIRE ZACHANASSIAN Komm zum Fall, Boby.
DER BUTLER [...] Herr Ill, darf ich bitten.
Ill steht auf, bleich, gleichzeitig erschrocken und verwundert.
ILL Was wollen Sie von mir?
DER BUTLER Treten Sie vor, Herr Ill.
ILL Bitte. *Er tritt vor den Tisch rechts. Lacht verlegen. Zuckt die Achseln.*
DER BUTLER Es war im Jahre 1910. Ich war Oberrichter in Güllen und hatte eine Vaterschaftsklage zu behandeln. Claire

Zachanassian, damals Klara Wäscher, klagte Sie, Herr Ill, an, der Vater ihres Kindes zu sein.

Ill schweigt.

DER BUTLER Sie bestritten damals die Vaterschaft, Herr Ill. Sie hatten zwei Zeugen mitgebracht.

ILL Alte Geschichten. Ich war jung und unbesonnen.

DER BUTLER [...] Dies ist die Geschichte: Ein Richter, ein Angeklagter, zwei falsche Zeugen, ein Fehlurteil im Jahr 1910. Ist es nicht so, Klägerin?

Claire Zachanassian steht auf.

ILL *stampft auf den Boden* Verjährt, alles verjährt! Eine alte, verrückte Geschichte.

DER BUTLER Was geschah mit dem Kind, Klägerin?

CLAIRE ZACHANASSIAN *leise* Es lebte ein Jahr.

DER BUTLER Was geschah mit Ihnen?

CLAIRE ZACHANASSIAN Ich wurde eine Dirne.

DER BUTLER Weshalb?

CLAIRE ZACHANASSIAN Das Urteil des Gerichts machte mich dazu.

DER BUTLER Und nun wollen Sie Gerechtigkeit, Claire Zachanassian?

CLAIRE ZACHANASSIAN Ich kann sie mir leisten. Eine Milliarde für Güllen, wenn jemand Alfred Ill tötet.

Totenstille.

FRAU ILL *stürzt auf Ill zu, umklammert ihn* Fredi!

ILL Zauberhexchen! Das kannst du doch nicht fordern! Das Leben ging doch längst weiter!

CLAIRE ZACHANASSIAN Das Leben ging weiter, aber ich habe nichts vergessen, Ill. Weder den Konradsweilerwald noch die Petersche Scheune, weder die Schlafkammer der Witwe Boll noch deinen Verrat. Nun sind wir alt geworden, beide, du verkommen und ich von den Messern der Chirurgen zerfleischt, und jetzt will ich, daß wir abrechnen, beide: Du hast dein Leben gewählt und mich in das meine gezwungen. Du wolltest, daß die Zeit aufgehoben würde, eben, im Wald unserer Jugend, voll von Vergänglichkeit. Nun habe ich sie aufgehoben, und nun will ich Gerechtigkeit, Gerechtigkeit für eine Milliarde.

Der Bürgermeister steht auf, bleich, würdig.

DER BÜRGERMEISTER Frau Zachanassian: Noch sind wir in Europa, noch sind wir keine Heiden. Ich lehne im Namen der Stadt Güllen das Angebot ab. Im Namen der Menschlichkeit. Lieber bleiben wir arm denn blutbefleckt. Ⓡ

2 a) *Schreibe auf: Welche Figuren kommen vor?*

b) *Fasse mit eigenen Worten den Konflikt zusammen, der in dieser Szene deutlich wird.*

3 *Stelle dir die Bühne am Beginn und am Ende der Szene vor: Wie sind die Figuren jeweils gruppiert? Zeichne zwei Skizzen in dein Heft.*

a) *Zeichne Claire ein:* 

b) *Gruppiere die anderen Figuren um sie herum, indem du ein* × *einzeichnest und beschriftest:* × Ill

4 *Ills Sündenregister ist länger, als die Güllener ahnen. Kreuze alles an, was er zu verantworten hat:*

- ☐ Alfred Ill lässt seine schwangere Geliebte im Stich.
- ☐ Alfred stiehlt einen Sack Äpfel.
- ☐ Alfred besticht den Richter.
- ☐ Er bestreitet die Vaterschaft.
- ☐ Er benennt zwei falsche Zeugen.
- ☐ Er spielt sein Tun als verjährte Jugendsünde herunter.

5 *Zur Erklärung des Namens der Claire Zachanassian hat Dürrenmatt selbst auf drei große Männer des 20. Jahrhunderts verwiesen:*

Z A C H A R O F F – russisch-griechischer Rüstungsmagnat

O N A S S I S – griechischer Großreeder und Multimillionär

G U L B E N K I A N – armenisch-britischer Erdölmagnat

a) Unterstreiche die Silben, aus denen der Name Zachanassian gebildet wird.

b) Aus Klara Wäscher wird Claire Zachanassian. Was veranschaulicht dieser Namenswechsel? Kreuze Zutreffendes an.

- ☐ Wie leicht es ist, seinen Namen zu ändern.
- ☐ Französische Vornamen klingen vornehmer als deutsche.
- ☐ Der Name verdeutlicht die Weltläufigkeit der alten Dame.
- ☐ Der Name verdeutlicht den Reichtum der Dame.

Charakterisierung von Figuren

Zu Beginn der ersten Szene im dritten Akt bietet der Lehrer Claire ein Geschäft an. Statt eine Milliarde zu verschenken, soll sie einen Investitionskredit gewähren, um dann von den Zinsen und dem Wirtschaftsaufschwung zu profitieren: Die Güllener wären dann vor der Versuchung sicher, Ill aus Geldgier zu ermorden.

DER LEHRER Frau Zachanassian! Sie sind ein verletztes liebendes Weib. Sie verlangen absolute Gerechtigkeit. Wie eine Heldin der Antike kommen Sie mir vor, wie eine Medea[1]. Doch weil wir Sie im tiefsten begreifen, geben Sie uns den Mut, mehr von Ihnen zu fordern: Lassen Sie den unheilvollen Gedanken der Rache fallen, treiben Sie uns nicht zum Äußersten, helfen Sie armen, schwachen, aber rechtschaffenen Leuten, ein etwas würdigeres Leben zu führen, ringen Sie sich zur reinen Menschlichkeit durch!

CLAIRE ZACHANASSIAN Die Menschlichkeit, meine Herren, ist für die Börse der Millionäre geschaffen, mit meiner Finanzkraft leistet man sich eine Weltordnung. Die Welt machte mich zu einer Hure, nun mache ich sie zu einem Bordell. Wer nicht blechen kann, muß hinhalten, will er mittanzen. Ihr wollt mittanzen. Anständig ist nur, wer zahlt, und ich zahle. Güllen für einen Mord, Konjunktur[2] für eine Leiche. Los, ihr beiden. *Sie wird nach hinten getragen.*

DER ARZT Mein Gott, was sollen wir tun?

DER LEHRER Was uns das Gewissen vorschreibt, Doktor Nüßlin.

[1] **Medea:** griech. Mythos – Medea verhalf Iason zum Goldenen Vlies und floh mit ihm und seinen Argonauten vor ihrem Vater nach Korinth. Als sie dort Iasons Braut ermordete, töteten die Korinther aus Rache Medeas (und Iasons) Kinder.

[2] **Konjunktur:** Wirtschaftsentwicklung

6 *In dem Gespräch zwischen dem Lehrer und Claire zeigen sich ihre unterschiedlichen Weltanschauungen.*

a) Wie geht der Lehrer vor, um Claire umzustimmen? Verbinde die Zitate mit den passenden Antworten.

- Verletztes liebendes Weib (Zeile ______)
- Absolute Gerechtigkeit (Zeile ______)
- Medea – antike Heldin (Zeile ______)
- Helfen Sie (Zeile ______)
- Reine Menschlichkeit (Zeile ______)
- Lassen Sie den Gedanken der Rache fallen (Zeile ______)

- spricht Mitgefühl an
- appelliert an humanitäre Pflicht
- unterstellt hohe Motive
- ermahnt zu sittlicher Größe
- signalisiert Verständnis
- schmeichelt

b) Was entgegnet Claire dem Lehrer, der sie umstimmen will? Notiere das zentrale Zitat.

______________________________ Zeile ______

7 *Auf der Bühne bringen unterschiedliche Körperhaltungen wechselnde Verhaltensweisen zum Ausdruck.*

a) Ordne den in den Abbildungen gezeigten Körperhaltungen den jeweils passenden Begriff zu, indem du eine Linie zwischen Begriff und Figur einzeichnest.

eingeschüchtert   wütend   entspannt   mutig   distanziert

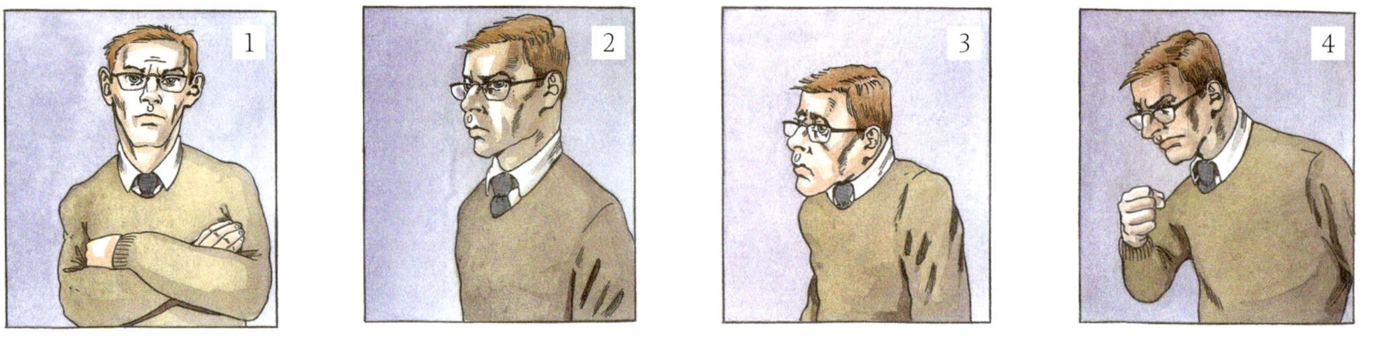

b) Welche Haltung passt zu dem Lehrer während des Gesprächs mit Claire? Kreuze an!

c) Erkläre mit eigenen Worten, welche Absicht hinter dem Tun des Lehrers steht.

____

____

____

8 *a) Arbeite den Unterschied zwischen Sühne und Strafe heraus:*

	Sühne	Strafe
Welcher Begriff ist sachlicher?	☐	☐
Welcher Begriff nimmt die Perspektive eines sich seiner Tat bewussten Täters ein?	☐	☐
Welcher Begriff verdeutlicht, dass Sitte und Werteordnung wiederhergestellt werden müssen?	☐	☐
Vorausgesetzt, Alfred Ill hätte ein Unrechtsbewusstsein: Würde er seinen Tod als Sühne oder als Strafe bezeichnen?	☐	☐

b) Ordne die drei Begriffe den Definitionen zu. Schreibe jeweils rechts neben die Definition.

Sühne   Rache   Strafe

① Durch Rechtsprechung einem Täter auferlegter Zwang zum Abbüßen einer Schuld. ______________

② Versuch eines Täters, freiwillig die durch seine Schuld gestörte Ordnung wiederherzustellen. ______________

③ Versuch eines Opfers, erlittenes Unrecht ohne gerichtliche Rechtsprechung am Täter zu vergelten. ______________

c) Welcher Begriff passt zu Claires Verhalten?

____

!

Der dramatische Konflikt und seine Lösung
Im Umgang mit dramatischen Texten ist das Untersuchen von Gesprächsverläufen wichtig. Untersuchungsgegenstände sind dabei:
- Gesprächsanlass und -themen,
- Entwicklung und Ergebnis des Gesprächs,
- Ziele und Reaktionen der Beteiligten,
- verdeckte Motive und ihre Entlarvung.

Claires Hartnäckigkeit stellt die Güllener vor die Entscheidung, ethisch-moralischen Grundsätzen entsprechend zu handeln und Ill zu schonen oder aber diese zugunsten materieller Erwägungen zu ignorieren. Die folgende Szene zwischen dem Bürgermeister und Ill zeigt, wie der Bürgermeister sich die Lösung des Konflikts vorstellt.

Der Bürgermeister Ich bringe ein Gewehr.
Ill Danke.
Der Bürgermeister Es ist geladen.
Ill Ich brauche es nicht.
Der Bürgermeister lehnt das Gewehr an den Ladentisch.
Der Bürgermeister Heute abend ist Gemeindeversammlung. Im Goldenen Apostel. Im Theatersaal.
Ill Ich komme.
Der Bürgermeister Alle kommen. Wir behandeln Ihren Fall. Wir sind in einer gewissen Zwangslage.
Ill Finde ich auch.
Der Bürgermeister Man wird den Vorschlag ablehnen.
Ill Möglich.
Der Bürgermeister Man kann sich freilich irren.
Ill Freilich.
Schweigen.
Der Bürgermeister *vorsichtig* In diesem Fall, würden Sie den Urteilsspruch annehmen, Ill? Die Presse ist nämlich dabei.
Ill Die Presse?
Der Bürgermeister Auch der Rundfunk, das Fernsehen, die Filmwochenschau. Eine heikle Situation, nicht nur für Sie, auch für uns, glauben Sie mir. Als Heimatstädtchen der Dame und durch ihre Heirat im Münster sind wir so bekannt geworden, daß eine Reportage über unsere alten demokratischen Einrichtungen gemacht wird.
Ill *beschäftigt sich mit der Kasse* Sie geben den Vorschlag der Dame nicht öffentlich bekannt?
Der Bürgermeister Nicht direkt – nur die Eingeweihten werden den Sinn der Verhandlung verstehen.
Ill Daß es um mein Leben geht.
Schweigen.
Der Bürgermeister Ich orientiere die Presse dahin, daß – möglicherweise – Frau Zachanassian eine Stiftung errichten werde und daß Sie, Ill, diese Stiftung vermittelt hätten als ihr Jugendfreund. Daß Sie dies waren, ist ja nun bekannt geworden. Damit sind Sie rein äußerlich reingewaschen, was sich auch ereignet.
Ill Das ist lieb von Ihnen.
Der Bürgermeister Ich tat es nicht Ihnen, sondern Ihrer kreuzbraven, ehrlichen Familie zuliebe, offengestanden.
Ill Begreife.
Der Bürgermeister Wir spielen ein faires Spiel, das müssen Sie zugeben. Sie haben bis jetzt geschwiegen. Gut. Doch werden Sie auch weiterhin schweigen? Wenn Sie reden wollen, müssen wir das Ganze eben ohne Gemeindeversammlung machen.
Ill Verstehe.
Der Bürgermeister Nun?
Ill Ich bin froh, eine offene Drohung zu hören.
Der Bürgermeister Ich drohe Ihnen nicht, Ill, Sie drohen uns. Wenn Sie reden, müssen wir dann eben auch handeln. Vorher.
Ill Ich schweige.
Der Bürgermeister Schön.
Schweigen.
Der Bürgermeister Daß Sie sich dem Gemeindegericht unterziehen, freut mich, Ill. Ein gewisses Ehrgefühl glimmt noch in Ihnen. Aber wäre es nicht besser, wenn wir dieses Gemeindegericht gar nicht erst versammeln müßten?
Ill Was wollen Sie damit sagen?
Der Bürgermeister Sie sagten vorhin, Sie hätten das Gewehr nicht nötig. Vielleicht haben Sie es nun trotzdem nötig.
Schweigen.
Der Bürgermeister Wir könnten dann der Dame sagen, wir hätten Sie abgeurteilt, und erhielten das Geld auch so. Es hat mich Nächte gekostet, diesen Vorschlag zu machen, das können Sie mir glauben. Es wäre doch nun eigentlich Ihre Pflicht, mit Ihrem Leben Schluß zu machen, als Ehrenmann die Konsequenzen zu ziehen, finden Sie nicht? Schon aus Gemeinschaftsgefühl, aus Liebe zur Vaterstadt. Sie sehen ja unsere bittere Not, das Elend, die hungrigen Kinder ...
Ill Es geht euch jetzt ganz gut.
Der Bürgermeister Ill!
Ill Bürgermeister! Ich bin durch eine Hölle gegangen. Ich sah, wie ihr Schulden machtet, spürte bei jedem Anzeichen des Wohlstands den Tod näher kriechen. Hättet ihr mir diese Angst erspart, dieses grauenhafte Fürchten, wäre alles anders gekommen, könnten wir anders reden, würde ich das Gewehr nehmen. Euch zuliebe. Aber nun schloß ich mich ein, besiegte meine Furcht. Allein. Es war schwer, nun ist es getan. Ein Zurück gibt es nicht. Ihr müßt nun meine Richter sein. Ich unterwerfe mich eurem Urteil, wie es nun

auch ausfalle. Für mich ist es die Gerechtigkeit, was es für euch ist, weiß ich nicht. Gott gebe, daß ihr vor eurem Urteil besteht. Ihr könnt mich töten, ich klage nicht, protestiere nicht, wehre mich nicht, aber euer Handeln kann ich euch nicht abnehmen.

[R]

9 *Untersuche das Gespräch.*

a) Benenne zunächst den Gesprächsanlass, indem du den Satz richtig vervollständigst. Kreuze an.

Gesprächsanlass ist

- ☐ die bevorstehende Gemeindeversammlung, auf der die Güllener über Claires Angebot abstimmen sollen.
- ☐ die bevorstehende Wiederwahl des Bürgermeisters.
- ☐ der bevorstehende Tod Alfred Ills.
- ☐ die bevorstehende Abreise Claires.

b) Im Folgenden findest du Überschriften, die den Inhalt einzelner Gesprächsabschnitte zusammenfassen. Umrahme jeweils den Abschnitt des Textes, der zu der entsprechenden Überschrift passt.

c) Notiere hinter den Überschriften die entsprechenden Zeilenangaben.

Frage, ob Ill das Urteil der Gemeindeversammlung annehmen werde (Z. ____________).

Frage, ob Ill über die Hintergründe schweigen werde (Z. ____________).

Ills Reaktion: hält Bürgermeister hin (Z. ____________). Ill verspricht zu schweigen (Z. ____________).

Die Aufforderung des Bürgermeisters an ihn, durch Selbstmord der Gemeinde seine Ermordung zu ersparen (Z. _______).

Ills Ablehnen dieses Ansinnens (Z. ____________).

10 *Entlarve die tatsächlichen Absichten des Bürgermeisters.*

a) Markiere im Text die Stellen, die Auskunft über die Absichten des Bürgermeisters geben, farbig und trage die Zeilenangaben in die Tabelle ein.

Absichten des Bürgermeisters	Zeile	seine Vorgehensweise
☐ Sicherstellen, dass Ill den Schuldspruch annimmt und über die Hintergründe schweigt.		
☐ Ill überreden, sich aus Rücksicht auf die Güllener selbst das Leben zu nehmen.		
☐ Die wahren Hintergründe gegenüber den Medien verschweigen und so Güllens Ruf wahren.		
☐ Will Milliarde, ohne Ill selbst zu töten.		
☐ Versuch, eine weiße Weste zu bewahren.		

b) Ergänze die Tabelle: Wähle passende Bezeichnungen für die Vorgehensweise des Bürgermeisters aus.

Bitte um Verständnis · Drohung · Erpressung · Appell · Vorwurf der Feigheit · Andeutung · positive Selbstdarstellung · Versuch der Überredung

Die Inszenierung eines Dramas
Die Inszenierung eines Dramas ist immer auch eine Interpretation (Deutung) des dramatischen Textes, bei der verschiedene Gestaltungselemente ineinandergreifen.

Der Bürgermeister übernimmt die Leitung der Gemeindeversammlung. Es ist allen klar, dass das Geld nur durch krasses Unrecht, den Mord an Ill, zu bekommen ist.

DER BÜRGERMEISTER Alfred Ill, ich habe an Sie eine Frage zu stellen.

Der Polizist gibt Ill einen Stoß. Der erhebt sich. Der Radiosprecher kommt mit dem Mikrophon zu ihm.

DER RADIOREPORTER Nun die Stimme des Mannes, auf dessen Vorschlag hin die Zachanassian-Stiftung gegründet wurde, die Stimme Alfred Ills, des Jugendfreundes der Wohltäterin. Alfred Ill ist ein rüstiger Mann von etwa siebzig Jahren, ein senkrechter Güllener von altem Schrot und Korn, natürlicherweise ergriffen, voll Dankbarkeit, voll stiller Genugtuung. [...]

DER BÜRGERMEISTER Werden Sie unseren Entscheid über Annahme oder Ablehnung der Claire-Zachanassian-Stiftung respektieren?

ILL Ich respektiere ihn.

DER BÜRGERMEISTER Hat jemand an Alfred Ill eine Frage zu stellen?

Schweigen.

DER BÜRGERMEISTER Hat jemand zur Stiftung der Frau Zachanassian eine Bemerkung zu machen?

Schweigen. [...]

DER BÜRGERMEISTER Ich schreite zur Abstimmung.

Stille. Nur das Surren der Filmapparate, das Aufblitzen der Blitzlichter.

DER BÜRGERMEISTER Wer reinen Herzens die Gerechtigkeit verwirklichen will, erhebe die Hand.

Alle außer Ill erheben die Hand.

DER RADIOREPORTER Andächtige Stille im Theatersaal. Nichts als ein einziges Meer von erhobenen Händen, wie eine gewaltige Verschwörung für eine bessere, gerechtere Welt. Nur der alte Mann sitzt regungslos, von Freude überwältigt. Sein Ziel ist erreicht, die Stiftung dank der wohltätigen Jugendfreundin errichtet.

DER BÜRGERMEISTER Die Stiftung der Claire Zachanassian ist angenommen. Einstimmig. Nicht des Geldes –

DIE GEMEINDE Nicht des Geldes –

DER BÜRGERMEISTER sondern der Gerechtigkeit wegen –

DIE GEMEINDE sondern der Gerechtigkeit wegen –

DER BÜRGERMEISTER und aus Gewissensnot.

DIE GEMEINDE und aus Gewissensnot.

DER BÜRGERMEISTER Denn wir können nicht leben, wenn wir ein Verbrechen unter uns dulden –

DIE GEMEINDE Denn wir können nicht leben, wenn wir ein Verbrechen unter uns dulden –

DER BÜRGERMEISTER welches wir ausrotten müssen –

DIE GEMEINDE welches wir ausrotten müssen –

DER BÜRGERMEISTER damit unsere Seelen nicht Schaden erleiden –

DIE GEMEINDE damit unsere Seelen nicht Schaden erleiden –

DER BÜRGERMEISTER und unsere heiligsten Güter.

DIE GEMEINDE und unsere heiligsten Güter.

ILL *schreit auf* Mein Gott!

Alle stehen feierlich mit erhobenen Händen da, doch nun hat es bei der Kamera der Filmwochenschau eine Panne gegeben.

DER KAMERAMANN Schade, Herr Bürgermeister. Die Beleuchtung streikte. Bitte die Schlußabstimmung noch einmal.

DER BÜRGERMEISTER Noch einmal?

DER KAMERAMANN Für die Filmwochenschau.

DER BÜRGERMEISTER Aber natürlich.

DER KAMERAMANN Scheinwerfer in Ordnung?

EINE STIMME Klappt.

DER KAMERAMANN Also los.

Der Bürgermeister setzt sich in Pose.

DER BÜRGERMEISTER Wer reinen Herzens die Gerechtigkeit verwirklichen will, erhebe die Hand.

(Wiederholung des Schwurs Z. 34–51) Ⓡ

11 *Teile die Szene in vier Hauptphasen ein, markiere sie mit einem farbigen Stift und gib ihnen einen Titel.*

Phase	Zeile	Titel
Phase 1		
Phase 2		
Phase 3		
Phase 4		

12 *Diese Versammlung gleicht einer Inszenierung. Benenne Einzelheiten der Szene mit Fachbegriffen aus der Welt des Theaters:*

Beleuchtung | Bühne | Darsteller | Probe und Aufführung | Publikum | Textbuch

Theatersaal des Goldenen Apostels ______

Weltöffentlichkeit an Radio und TV ______

Gesamte Güllener Bürgerschaft ______

Aufblitzen der Blitzlichter ______

Vorgefertigte Formulierungen des Bürgermeisters ______

Abstimmung und Wiederholung für die Kameras ______

13 *Überprüfe die Funktion der Beteiligten und kreuze an.*

a) Der Bürgermeister übernimmt die Rolle eines

☐ Predigers ☐ Vorbeters ☐ Segnenden

b) Die Mitglieder der Gemeinde fühlen sich als

☐ Kollektiv ☐ anonyme Masse ☐ verantwortliche Individuen

c) Die Wiederholung des Schwures für die Kamera bringt zum Ausdruck

☐ die Heuchelei ☐ die Wichtigkeit des Anlasses ☐ die hohe Autorität des Bürgermeisters

d) Die Anwesenheit der Medien erzeugt

☐ eine weihevolle Atmosphäre ☐ die Bereitschaft, Geschlossenheit zu zeigen ☐ das Gefühl, das Richtige zu tun

14 *Die Abstimmung über die Zachanassian-Stiftung moderiert der Radioreporter so:*

„Andächtige Stille im Theatersaal. Nichts als ein einziges Meer von erhobenen Händen, wie eine gewaltige Verschwörung für eine bessere, gerechtere Welt. Nur der alte Mann sitzt regungslos, von Freude überwältigt. Sein Ziel ist erreicht, die Stiftung dank der wohltätigen Jugendfreundin errichtet.“ (▷ S. 89, Z. 28–33)

a) Ist der Eindruck, den der Reporter vermittelt, richtig? Begründe deine Antwort im Heft.
b) Unterstreiche die Wendungen, in denen der Reporter unwissentlich die wahren Begebenheiten anspricht.

15 *Die Güllener tun alles, um vor den Augen der Welt den wahren Kern ihrer Abstimmung zu verhüllen.*
Entlarve die Formulierungen des Bürgermeisters, indem du den wahren Kern benennst. Ergänze ein weiteres Beispiel.

„aus Gewissensnot“ (▷ S. 89, Z. 39): aus Geldgier

„unsere heiligsten Güter“ (▷ S. 89, Z. 50): ______

______

______

Literarische Texte untersuchen

!

Wenn du einen **literarischen Text erschließen** willst, musst du ihn zunächst genau lesen (▷ S. 72). Du musst den Inhalt erfassen und die **erzählerischen Mittel** herausarbeiten.
Die Auswahl der Untersuchungsaspekte richtet sich nach der Art des Textes und den inhaltlichen Schwerpunkten, z. B.:

- **Erzählform** und **Erzählperspektive**,
- **Aufbau** der Handlung,
- Hintergründe zu **Zeit** und **Ort der Handlung**,
- **Figuren** und ihr Verhältnis zueinander und
- **sprachliche Gestaltung**.

Du solltest die erzählerischen Mittel nicht nur benennen, sondern vor allem ihre Wirkung erläutern.

Dietlof Reiche

Die Kratzers

In dem 1977 erschienenen historischen Roman „Der Bleisiegelfälscher" erzählt Dietlof Reiche die Geschichte des Webergesellen Martin Wagner, der sich im Jahr 1613 in Nördlingen bei dem Meister Kratzer als Webergeselle verdingt.

„Sieben Kreuzer und keinen Heller mehr!"

„Zehn Kreuzer sind üblich! Aber die Zeiten sind schlecht, wir kommen Euch entgegen: neun Kreuzer."

„Ich sage: sieben und ein halber Kreuzer die Woche. Ihr Burschen vergesst die Kost. Du frisst was weg, so wie du aussiehst. Die Preise klettern ins Blaue, sechs Kreuzer am Tag werden nicht langen, um dich satt zu kriegen."

Martin rechnete. Sechs Kreuzer für die tägliche Kost machten zweiundvierzig in der Woche. Dazu der Lohn am Sonntag auf die Hand – acht Kreuzer sollten es schon sein, die musste der Alte rausrücken. Das war, zum Teufel, jämmerlich genug! Einen und einen halben Tag musste er bei dem Lohn schuften, bis er im Wirtshaus eine Maß Weißbier bestellen konnte. Auf der anderen Seite: Mehr als acht Kreuzer konnte Kratzer nicht zahlen. Das war Martin klar, seit er mit David die düstere Werkstatt betreten und den klapprigen Webstuhl gesehen hatte. Aber der Alte gefiel ihm. Der hatte ihn nicht gleich gefragt, ob er fleißig zum Beten und zur Predigt ginge. Das taten gewöhnlich die Meister mit Silber im Kasten und Schimmel am Brot. „Acht Kreuzer!", sagte Martin, „mein letztes Wort. Sonst gehe ich wieder. Ihr habt meinen Gesellenbrief gesehen und wisst, was ich tauge."

Kratzer schlug ein. „Ab heut bist du mein Geselle! Und mein Ruin – das muss gefeiert werden. Kommt nach hinten in die Stube zu einem Schluck Branntwein!"

Mit langen Schritten ging Kratzer voraus. In der Tür bückte er sich, um nicht an den Querbalken zu stoßen. Martin und David schoben sich auf die Bank hinter dem wackeligen Tisch in der Stube. In der Ecke glühte auf dem Herd die Asche. Unter der geschwärzten Decke hing der Gestank nach Schafstall: Verdreckte Wolle häufte sich neben der Stiege zum Oberstock. Kratzer sammelte einige Flocken vom Erdboden und warf sie auf den Haufen. Dann stieß er eine Tür auf, sie führte in den Hinterhof. Schwungvoll hob er die Falltür zum Vorratskeller und verschwand.

David stieß Martin an. „Was sagst du zu dem? Über sechzig und gesund wie ein Hirsch. Alle Zähne hat er noch. Bis auf einen, den hat er bei einer Schlägerei verloren."

„Ich hab's beim Aushandeln gemerkt, dass der Kratzer beißen kann."

„Aus den anderen Meistern hättest du keinen Kreuzer über acht rausgeholt, Martin."

Da tauchte Kratzer wieder auf. Er brachte einen Krug an den Tisch und sagte: „Stimmt. Ein reicher Meister will nicht zahlen und ein armer kann nicht."

Herren-Sorgen

Der Ratsherr Gehring wird von dem Handelsherrn Widemann über einen vertraulichen Brief aus Bozen unterrichtet. Widemann liest den Brief vor:

„Also hört: ‚...[...] Item sagt mir obgemeldeter Herr, man könne nicht wissen, ob die Siegel recht seien. Habe er selbsten schon ein gefälschtes Siegel befunden, und sei die Fälschung nicht leichtlich zu erkennen gewesen. Dieserhalben könne man nicht mehr vertrauen, dass zu Nördlingen alle Loden durch die Oberen der Zunft nach der Ordnung geschaut würden. Also dass hinfort keine Gewähr für die Güte sei und man nicht wisse, ob die Loden nach dem Herkommen fein gearbeitet. Und geht überhaupt allhier die Rede um, es sei beim Loderhandwerk zu Nördlingen allerlei verderblicher Mangel und Missbrauch eingerissen. Also dass in summa allhier zu Bozen die Nördlinger Loden in Abgang kommen und bald nicht mehr begehrt werden, obschon sie derzeit noch im Schwange gehen. [...]‘ – So weit der Brief aus Bozen.“ Widemann faltete den Doppelbogen zusammen. Schweigend sah er Gehring an. [...]

„Lieber Herr Widemann, haltet mich doch bitte nicht für einfältig. Ich handle zwar nicht mit Loden, aber ich weiß ganz gut, was gespielt wird.“ [...] „Ihr spielt um Gewinn, um höchstmöglichen Verdienst, das ist das Ziel. Der Ausgangspunkt ist: Unsere Loden genießen einen hervorragenden Ruf. Strenge Vorschriften der Zunft sorgen für ihre Güte. Bester Verdienst also, wenn nicht das dagegen stünde: Unsere Loden sind knapp, zu wenige verlassen die Werkstätten. Die Ursache? Ebenfalls die Zunftvorschriften, sie beschränken die Herstellung. Wie erreichen wir trotzdem das Ziel, den höchstmöglichen Verdienst? Zwei Möglichkeiten gibt es. Die erste ist die: Wir ändern die Zunftvorschriften. Geht aber nicht, jedenfalls nicht im wünschenswerten Maße. Denn wenn wir das uralt gewachsene Gefüge der Zunftordnung zerstören, leidet mit Sicherheit die Güte der Loden. Und wo bliebe dann unser Ausgangspunkt? Das Spiel wäre zu Ende, bevor es begonnen hat. Abgesehen davon: Wir handelten uns Schwierigkeiten mit den sturen Zunftoberen ein, sie denken nun mal anders als wir. – Bleibt also Möglichkeit zwei, diese hier: Wir umgehen die Zunftvorschriften und dulden stillschweigend, dass die Meister mehr Loden weben als erlaubt. Logischerweise dulden wir gleichfalls das Siegelfälschen. – Aber damit ist uns das Ziel nicht sicher, noch können die Würfel gegen uns fallen. Zum einen: Die Zunftoberen kommen uns in die Quere. Unwahrscheinlich, denn die wissen recht wohl, dass die kleinen Meister nur leben können, wenn sie fälschen. Die sind klug genug, die schlafenden Hunde nicht zu wecken. Zum anderen: Die Fälschungen sprechen sich im Lande herum. Wenn das allerdings geschieht, ist das Spiel aus. Den Fernhandel mit Nördlinger Loden können wir dann begraben. Ende.“ [...] „Was schrieb Euer Mann von ‚Gerede über das Loderhandwerk‘?“

Widemann zitierte aus dem Gedächtnis: „ ... sei beim Loderhandwerk zu Nördlingen allerlei verderblicher Mangel und Missbrauch eingerissen.“

„Ja. Gut, so hört, was ich beschlossen habe.“ Gehring setzte sich noch aufrechter, als er sich ohnehin schon hielt. [...] „Damit die Ordnung wiederhergestellt wird und die Handelsherren draußen beruhigt sind, werden wir zeigen, dass wir durchgreifen. Der Rat wird also einen Meister festsetzen und wegen Lodenfälschens bestrafen, dafür werde ich sorgen.“ Kalt und leidenschaftslos setzte er hinzu: „Die Strafe wird exemplarisch sein, auch dafür werde ich sorgen. – Ich nehme an, das ist in Eurem Sinne, Herr Widemann.“

1 *a) Fasse den Inhalt der beiden Romanauszüge Seite 91 und 92 jeweils in zwei bis drei Sätzen zusammen.*
b) Überlege, wie die Geschichte weitergehen könnte. Schreibe deine Erzählideen in vollständigen Sätzen in dein Heft.

2 *Die Vorabinformation zu den Romanauszügen gibt dir eine erste Orientierung über Ort und Zeit der Handlung. Suche in den beiden Romanauszügen weitere Informationen über Ort und Zeit der Handlung. Schreibe in einem Satz in dein Heft, wann und wo die Geschichte spielt.*

!

Der **Erzähler** lässt sich nach verschiedenen Aspekten genauer bestimmen:

- Je nach **Wissen** des Erzählers (Erzählform) unterscheidest du zwischen
  - dem **allwissenden Erzähler,**
  - dem **personalen Erzähler,** der aus der Sicht einer Figur erzählt,
  - dem eher **neutralen Erzähler**.
- Bei der **Erzählperspektive** unterscheidest du zwischen
  - **Außenperspektive** und
  - **Innenperspektive**.

3 a) *Markiere in beiden Texten alle Figuren und die Textstellen, die diese Figuren näher charakterisieren. Verwende für jede Figur eine eigene Farbe.*

b) *Arbeite in deinem Heft die folgende Skizze eines Beziehungsdiagramms aus. Beschrifte die Verbindungslinien, indem du einträgst, in welchem Verhältnis die Figuren zueinander stehen.*

c) *Erläutere dein Diagramm schriftlich in deinem Heft.*

4 *Bestimme für die beiden Textausschnitte Erzählform und Erzählperspektive und halte deine Ergebnisse in der folgenden Tabelle fest. Belege durch Zeilenangaben, an welchen Textstellen du deine Analyse festmachst.*

Erzähler	„Die Kratzers“	Zeile	„Herren-Sorgen“	Zeile
Erzählform				
Erzählperspektive				

5 *Beide Texte lassen die Einstellung des Erzählers zum Geschehen deutlich werden.*

a) *Erkläre, auf welcher Seite der Erzähler steht: Überprüfe, bei welchen Figuren die Sympathien des Erzählers liegen und welche Figuren er negativ zeichnet.*

b) *Belege deine Aussagen über den Text mit geeigneten Textstellen (mit Zeilenangaben), die du erklärst.*

6 *Schreibe den Textauszug „Die Kratzers“ so um, dass Martins Gefühle und Gedanken im Mittelpunkt stehen.*

a) *Notiere, welche Aspekte des Erzählens du verändern musst, damit der Leser oder die Leserin sich besonders gut in Martin hineinversetzen kann.*

b) *Schreibe die neue Fassung der Geschichte nach deinen Vorgaben in dein Heft.*

!

Aufbau der Erzählung und Verlauf der Handlung
Jede Erzählung lässt sich in Erzählschritte unterteilen, die den Handlungsverlauf strukturieren. Manchmal entsprechen die Erzählschritte den Abschnitten im Druckbild, gegebenenfalls den Leerzeilen zwischen Absätzen oder den Kapiteleinteilungen.

Beim **Verlauf der Handlung** kannst du unterscheiden zwischen
- linearem (aufeinander folgendem) Verlauf,
- gleichzeitigem Darbieten mehrerer Handlungsschritte,
- Rückbezügen oder Vorausdeutungen.

Häufig wechselt auch die Darstellung von **innerer Handlung** (Innenperspektive: Schilderung von Gefühlen, Gedanken einer Person) mit der Beschreibung der **äußeren Handlung** (Außenperspektive) ab.

7 *a) Setze bei den Textauszügen auf Seite 91 und 92 Absatzzeichen ⌐ zwischen die Erzählschritte.*
b) Formuliere für jeden Erzählschritt nach folgendem Muster eine zusammenfassende Überschrift.

Z. 1–26: erfolgreiche Lohnverhandlungen zwischen Martin und Meister Kratzer

8 *Untersuche für den Textauszug „Herren-Sorgen" (▷ S. 92) den Handlungsverlauf und skizziere diesen anschließend im folgenden Zeitstrahl.*

!

Die Art und Weise, wie die Figuren „**zu Wort kommen**“, gibt dir wichtige Hinweise auf den Gesamtzusammenhang der Handlung, das Verhältnis der Figuren zueinander und manchmal auch auf die Einstellung des Erzählers dem Geschehen gegenüber.

Bei der Untersuchung der **sprachlichen Gestaltung** kannst du z. B. folgende Aspekte berücksichtigen: Figuren können sich in **direkter** oder in **indirekter Rede** äußern und **Gefühle und Gedanken** formulieren:

- im Präteritum und in der Er-Form als **erlebte Rede** oder
- im Präsens und in der Ich-Form als **innerer Monolog**.

Die **sprachlichen Stilebenen** der Figuren geben Aufschluss über die Herkunft, den Bildungsstand und über das Verhältnis zu anderen Figuren. Dazu gehören auch Satzbau und Wortwahl.

9 *a) Bestimme im Textauszug „Die Kratzers“ (S. 91), auf welche Weise Martin zu Wort kommt.*
b) Erkläre die Wirkung dieser Darstellungsweise auf den Leser. Halte dein Ergebnis in deinem Heft fest.

10 *a) Unterstreiche in den beiden Textauszügen jeweils die direkte Rede der Figuren Meister Kratzer und Ratsherr Gehring.*
b) Vergleiche ihre Sprache und trage deine Beobachtungen in eine Tabelle ein, die du nach dem folgenden Muster in deinem Heft ausarbeitest.

	Meister Kratzer	**Ratsherr Gehring**
Stilebene		
Wortwahl		
Satzbau	einfacher Satzbau, unvollständige Sätze (Ellipsen), fehlende Konjunktionen, unzusammenhängende Satzreihen	

c) Charakterisiere anhand deiner Ergebnisse die beiden Figuren.

☆ **11** *Greife auf dein Vorwissen über die „Stadt im Mittelalter“ zurück: Wie ist der Verfasser des Briefes in das soziale Gefüge einzuordnen? Schlage, falls nötig, in deinem Geschichtsbuch nach. Beschreibe und begründe deine Einordnung in deinem Heft.*

☆ **12** *Formuliere die möglichen Gedanken Gehrings nach dem Gespräch in einem inneren Monolog aus.*

☆ **13** *Ein Ratsdiener hätte Meister Kratzer heimlich über die Intrige informieren können: Was hätte er ihm sagen können? Gib den Beschluss des Ratsherrn Gehring in indirekter Rede in deinem Heft wieder.*

Autoren- und Quellenverzeichnis

S. 3–4: für fachliche Beratung danken wir Prof. Gries, Institut für Textiltechnik der RWTH Aachen; **S. 39:** Bettina Brentano ... Aus: Frederik Hetmann: Bettina und Achim. Beltz & Gelberg in der Verlagsgruppe Beltz, Weinheim und Basel 1983; **S. 77:** BIRKEN, SIGMUND VON: Wo Klugseyn ... Aus: Das Zeitalter des Barock. Texte und Zeugnisse. Hg. von Albrecht Schöne. C.H. Beck'sche Verlagsbuchhandlung, München 1963, S. 693; **S. 20:** BÖLL, HEINRICH: Anekdote zur Senkung der Arbeitsmoral. Aus: Werke Band 4, Romane und Erzählungen. 1961–1970. Kiepenheuer & Witsch, Köln 1994, S. 267–269; **S. 40:** Dann schlägt die Großmutter ... Aus: Frederik Hetmann: Bettina und Achim. Beltz & Gelberg in der Verlagsgruppe Beltz, Weinheim und Basel 1983; **S. 29:** DEWALD, ULRICH: Klänge aus der Tiefsee geben Forschern Rätsel auf. In: Bild der Wissenschaft online, 4.7.2002; **S. 5:** Der Handschuhtest. GORE-TEX® ist eine Marke der W.L.Gore & Associates GmbH. Wir danken dem Unternehmen für die freundliche Unterstützung; **S. 68:** Die Fantastischen Vier – Wortsport. Aus: Süddeutsche Zeitung-online, 25.11. 2004; **S. 59:** DRAGT, TONKE: Das Meer. Aus: Die Türme des Februar. Übs. v. Liesel Linn. Beltz Verlag, Weinheim 1994, S. 14–15; **S. 46:** DROSTE-HÜLSHOFF, ANNETTE VON: Die Judenbuche. Reclam, Stuttgart 1992, S. 41f.; S. **83f.:** DÜRRENMATT, FRIEDRICH: Der Besuch der alten Dame. Neufassung 1980. Diogenes Verlag, Zürich 1985, S. 44–50; **S. 85:** DÜRRENMATT, FRIEDRICH: Der Besuch der alten Dame, S. 90/91; **S. 87f.:** DÜRRENMATT, FRIEDRICH: Der Besuch der alten Dame, S. 105–109; **S. 89:** DÜRRENMATT, FRIEDRICH: Der Besuch der alten Dame, S. 122–125; **S. 32:** GOETHE, JOHANN WOLFGANG: Das Göttliche. Aus: Goethes Werke. Hamburger Ausgabe in 14 Bänden. Textkritisch durchgesehen und mit Anmerkungen versehen von Erich Trunz. Christian Wegener Verlag, Hamburg 1948 ff., S.562; **S. 80:** GREIFFENBERG, CATHARINA REGINA VON: GOtt=lobende=Frühlings=Lust. Aus: Sämtliche Werke in zehn Bänden. Bd. 1. Hg. Martin Bircher und Friedhelm Kemp. Kraus Reprint, Millwood, New York 1983, S. 223; **S. 33:** HÄRTLING, PETER: Wenn jeder eine Blume pflanzte. Aus: Poesiekiste – Sprüche fürs Poesiealbum. Hg. von Joachim Fuhrmann. Rowohlt Taschenbuch, Reinbek 1981, S. 30; **S. 35:** Heimliche Kinder. Nach: Lammersen, Hans: 1,3 Milliarden Menschen und kein Ende? Die chinesische Bevölkerungspolitik. In: Geographie heute, Heft 211/212, Juli 2003, S. 35; **S. 78:** HOFFMANN VON HOFFMANNSWALDAU, CHRISTIAN: Die Welt. Aus: Deutsche Gedichte. Hg. von Echtermeyer/von Wiese. Cornelsen Verlag Schwann-Girardet, Düsseldorf 1990, S. 115; **S. 79:** HOFFMANN VON HOFFMANNSWALDAU, CHRISTIAN: Wo sind die Stunden. Aus: Gedichte des Barock. Hg. von Ulrich Maché und Volker Meid. Reclam, Stuttgart 1980, S. 278; **S. 64:** Hunderttausend Flutopfer warten auf Rettung. Aus: Süddeutsche Zeitung, Bayern-Ausgabe, 2.9. 2005; **S. 67:** JESSEN, JENS: Schicksal Denglish. Aus: Die Zeit, 8.3. 2001; **S. 82:** KÄSTNER, ERICH: Der Mai. Aus: Die dreizehn Monate. Atrium, Zürich 1955; **S. 79:** KASCHNITZ, MARIE LUISE: Am Strande. Aus: Meine deutschen Gedichte. Eine Sammlung von Hartmut von Hentig. Kallmeyer, Seeze – Velber 1999, S. 521; **S. 26 f.:** KRASKE, MARION: Wenn Wörter nichts sagen. Aus: Aachener Zeitung, 9.9. 1997, S. 4; **S. 51:** MCBRATNEY, SAM/ANITA JERAM: Woaßt du ibahapts, wia gern dass i di mog? Übertragung ins Bairische von Ottfried Fischer. Patmos Verlag/Sauerländer, Düsseldorf 2004; **S. 66:** OELRICH, CHRISTIANE und KLAUS MARRE: Die verzweifelte Suche nach Angehörigen. Aus: Westdeutsche Zeitung, 2.9. 2005; **S. 18:** ORWELL, GEORGE: Sport ist Krieg. Aus: Im Inneren des Wals: Erzählungen und Essays. Diogenes Verlag, Zürich 1975, S. 96; **S. 91:** REICHE, DIETLOF: Die Kratzers. Aus: Der Bleisiegelfälscher. Beltz & Gelberg in der Verlagsgruppe Beltz, Weinheim und Basel 1998, S. 37/38; **S. 92:** REICHE, DIETLOF: Herren-Sorgen. Aus: Der Bleisiegelfälscher, S. 59–62; **S. 47:** ROSENDORFER, HERBERT: Treuer Freund Dji-gu. Aus: Briefe an die chinesische Vergangenheit. Nymphenburger Verlagshandlung, München 1983, S. 7ff.; **S. 4:** Stoffkunde. Nach: www.naturtextillexikon.de (Hess Natur-Textilien); **S. 38:** STORM, THEODOR: Brief vom 19.12. 1858. Aus: Theodor Storms Weihnachten. Dokumente, Gedichte, Erzählungen. Hg. von Gerd Eversberg. Husum Druck- und Verlagsges., 1993; **S. 72ff.:** VERG, MARTIN: Zu Land, zu Wasser und in der Luft. Aus: GEOlino Nr. 7, Juli 2005, S. 30–35; **S. 24:** WOHMANN, GABRIELE: Grün ist schöner. Aus: Sieg über die Dämmerung. Piper Verlag, München 1960, S. 147–149

Bildquellenverzeichnis

S. 3, 14: picture-alliance/ZB; **S. 5:** GORE-TEX® ist eine Marke der W.L. Gore & Associates. Wir danken dem Unternehmen für die freundliche Unterstützung; **S. 7, 31, 65, 66, 68, 73 oben rechts:** picture-alliance/dpa/dpaweb; **S. 24:** Globus Infografik, Hamburg; **S. 29:** ullstein – Still Pictures ; **S. 31, 43, 48 links, 73 oben links, 85:** picture-alliance/akg-images; **S. 31:** Cartoon aus: Uli Stein, „Ich hab sie, Mama ... aber sie stellt sich quer", 1993 Lappan Verlag, Oldenburg © Uli Stein/CATPRINT MEDIA GmbH, Langenhagen; **S. 34, 35, 45, 72 rechts oben, 74 Mitte, 74 unten:** picture-alliance/dpa; **S. 39 links:** Cover des Buches: Frederik Hetmann, Bettina und Achim, © 1983 Beltz & Gelberg in der Verlagsgruppe Beltz, Weinheim und Basel; **S. 39 rechts, 40:** akg-images, Berlin; **S. 48:** Vaterunser in Runenschrift aus: Wilhelm Schmidt: Geschichte der deutschen Sprache. S. Hirzel Verlag, Stuttgart 1993; **S. 55:** © Anita Jeram/Walker Books, London; **S. 62, 70 oben:** Süddeutsche Zeitung/DIZ München GmbH; **S. 70 unten:** Frankfurter Rundschau-online; **S. 72 links unten:** The Goliath Expedition, www.earthtrekuk.net; **S. 73 Mitte:** AP, Frankfurt/M.; **S. 73 unten**: Mary Evans Picture Library Ltd, London; **S. 74:** Karte: Stefanie Peters/Gruner + Jahr AG, Hamburg; **S. 77:** picture-alliance/akg-images/Erich Lessing; **S. 78:** Harenberg Kommunikation, Dortmund; **S. 80:** IMAGNO brandstätter images, Wien; **S. 91:** Cover des Buches: Dietlof Reiche, Der Bleisiegelfälscher, © 1998/2004 Beltz & Gelberg in der Verlagsgruppe Beltz, Weinheim und Basel

Impressum

Die Grundlage für dieses Werk wurde erarbeitet von:
Jan Diehm, Cordula Grunow, Angela Mielke, Irmgard Schick und Andrea Wagener
Redaktion: lüra – Klemt & Mues GbR, Wuppertal
Illustrationen: Thomas Binder, Maja Bohn, Heribert Braun, Klaus Ensikat, Amelie Glienke, Sylvia Graupner, Mone Schliephack, Bernhard Skopnik
Umschlaggestaltung: Katharina Wolff (Foto: Thomas Schulz, Illustration: Nina Pagalies)
Technische Umsetzung: Anna-Maria Klages, Wuppertal

www.cornelsen.de

Dieses Werk berücksichtigt die Regeln der reformierten Rechtschreibung und Zeichensetzung. Bei den mit Ⓡ gekennzeichneten Texten haben die Rechteinhaber einer Anpassung widersprochen.

1. Auflage, 1. Druck 2006/06

Druck: J. P. Himmer, Augsburg

ISBN-13: 978-3-464-60360-4
ISBN-10: 3-464-60360-1

Inhalt gedruckt auf säurefreiem Papier aus nachhaltiger Forstwirtschaft.

Deutschbuch 8
Arbeitsheft
Lösungen

Seite 3

1 ***Berufsbild*** *(Was macht ein/-e Textilingenieur/-in?)*
entwickelt spezielle Materialien; Garnherstellung und -verarbeitung; Textilveredelung; Vliesstoffherstellung; Weben; Wirken; plant, organisiert, überwacht, kontrolliert Produktionsabläufe; entwickelt neue, optimiert vorhandene Verfahren; beurteilt und prüft Materialien und Produkte

Einsatzmöglichkeiten *(Wo kann man arbeiten?)*
Kleidung; in fast allen technischen Bereichen; im automobilen Sektor; im medizinischen Bereich

Vorteile *(Was ist gut an diesem Beruf?)*
sehr fassettenreich; interessante Möglichkeiten auf dem Arbeitsmarkt

Seite 4

2

Stoff	***Herkunft/Herstellung***	***Eigenschaften***
Baumwolle	*Malvengewächs, Pflanzenfaser*	*atmungsaktiv, kann bis zu 24 % ihres Eigengewichts an Feuchtigkeit aufnehmen, reißfest, strapazierfähig, hautfreundlich, pflegeleicht, von Natur aus verschiedene Farben*
Leinen	*Pflanzenfaser, Bastfaser*	*genügsam, matt glänzend, kühlend, atmungsaktiv, schmutzunempfindlich, langlebig, Knitterneigung*
Seide	*tierische Faser, Maulbeerspinner*	*edel, fein, leicht, glänzend, kühlend, temperaturausgleichend*
Polyester	*synthetische Chemiefaser, aus Erdöl*	*geringe Knitteranfälligkeit, hohe Dehnung, sehr geringe Feuchtigkeitsaufnahme, hohe elektrostatische Aufladung, starkes Anschmutzen, sehr hohe Zugfestigkeit*
Viskose	*Chemiefaser aus natürlichen Polymeren, Zellulose*	*sehr geringe Scheuerfestigkeit, geringe Zugfestigkeit, starke Knitteranfälligkeit*

Seite 5

3 *b) wasserundurchlässig: Poren der Membran kleiner als Wassertropfen*
atmungsaktiv: Poren der Membran größer als Wasserdampf (Schweiß)
Hand anfeuchten: Schweiß simulieren
Handschuh in Wasser stecken: Regen simulieren
Die Hand ist danach trocken:
weil die Membran Schweiß nach außen, Wasser aber nicht nach innen transportiert.

Seite 6

1

Art der Veranstaltung:	*Workshop*
Datum:	*8.2.2005*
Beginn:	*10.00 Uhr*
Ende:	*16.30 Uhr*
Ort:	*Konferenzraum B04, Berliner Kongresszentrum*
Leiter der Veranstaltung:	*Prof. Klaus Menrad, Dr. Karlheinz Steinmüller*
Anwesende:	*40 Fachhochschüler, Gymnasiasten, Studenten der Ernährungswissenschaften*
Protokollführer:	*Sven Leitmeir*
Thema:	*Zukunft der Gummibärchen – Essen im 21. Jahrhundert*
Tagesordnung:	*TOP 1 Neueste Trends in der Esskultur; TOP 2 Referat über Studiengang Ökotrophologie; TOP 3 Debatte über gesundes Essen; TOP 4 Diskussion über „Covenience Food"; TOP 5 Erläuterungen zu „Functional Food"*

Seite 7

2 *b)* ***indirekte Rede****: erfordere, sei, seien, suchten, kenne*

3 ***Konjunktivformen****: verändert habe, werde ... wandeln, nachdenken müssten, bestehe, würden ... sein, seien, habe, seien*

Seite 8

4 *So könnte das kurz zusammengefasste Protokoll aussehen:*

„Convenience Food" sind Fertiggerichte, „convenient" heißt übersetzt „zweckmäßig". Besonders populär sind Tiefkühlgerichte, insgesamt sind diese Lebensmittel teuer, aufwändig behandelt und teilweise genmanipuliert.

Studenten meinten, jede Art von Vorbereitung sei „convenient“ und diese Lebensmittel hätten nur noch wenig Ursprüngliches, seien jedoch zeitsparend zuzubereiten.
Dr. Steinmüller gab zu bedenken, dass „Convenience Food“ zwar immer beliebter werde, aber nicht sehr gesund sei. Kinder könnten sogar süchtig danach werden. Man solle die tägliche Nahrung frisch zubereiten.

Seite 9

5

TOP 5	**Begründung**	**Verbesserungsvorschlag**
Zu Anfang der Diskussion wurde zunächst eine kurze	Ausdruck, Stil	wurde der Begriff erklärt
Erklärung des Begriffs „Functional Food“ angestellt.		
Auf Deutsch sagt man „funktionelle Lebensmittel“.		
Dr. Steinmüller zufolge bedeutet dieser Begriff – das	Ausdruck, Stil	... steht dieser Begriff für ...
Wort ist im Übrigen aus den beiden englischen Begriffen	Logik	Wiederholung, streichen
„functional“ und „food“ aufgebaut – Produkte, die zusätz-		
lich zu ihrem Nährwert noch einen besonderen ge-		
sundheitlichen Nutzen aufweisen. Dr. Steinmüller		
sagt, es gibt ein Problem: Ob diese Lebensmittel tatsäch-	Modus (ind.	gebe
lich den tollen Beitrag zur Gesundheit und Leistungsfä-	Rede im Konj.)	„toll“ streichen
higkeit leisten, den sie versprechen, ist nicht bewiesen.	Wertung	leisteten, versprächen, sei
Eine rechtsverbindliche Definition für „Functional		
Food“ gibt es in Europa nicht. Die bekanntesten funk-		
tionellen Lebensmittel sind die probiotischen Milch-		
produkte. Sie enthalten spezielle Milchsäurebakte-		
rien, denen eine positive Wirkung zugeschrieben wird.		
Zunächst werden die Informationen, die eben geliefert	Tempus	wurden
wurden, von den Teilnehmern des Kurses erörtert. Ein	Logik	Wiederholung, streichen
Schüler fasst die Hauptthesen zusammen. In diesem	Tempus	fasste
Zusammenhang wurde auch auf die Schwierigkeit des		... erörtert, dass unter dem Begriff
Begriffs eingegangen, der nicht geschützt ist.	Logik	Beliebiges angeboten werden könne,
		da er nicht geschützt sei ...
Unterschrift, Datum, Ort	Reihenfolge	Ort, Datum, Unterschrift

Seite 11

3

Argumente

A [+] Aufgaben in ähnlicher Form, die selbstständig zu lösen sind, wiederholen und vertiefen den Unterrichtsstoff vom Vormittag.
B [–] Hausaufgaben rauben den Schüler/-innen den letzten Rest Freizeit und erlauben keine Erholungsphasen nach einem anstrengenden Schultag mehr.
C [+] Hausaufgaben sind ein Kontrollinstrument für Schüler/-innen und Lehrer/-innen, weil erst durch die Hausaufgaben und die Verbesserung in der nächsten Unterrichtsstunde klar wird, was man selbst wirklich verstanden hat.
D [ ] Hausaufgaben stellen keine eigene Leistung dar. Im Zeitalter des Internets lassen sich Hausaufgaben aus dem Internet herunterladen. Oder sie werden oft einfach vor der Unterrichtsstunde von einem Mitschüler oder einer Mitschülerin abgeschrieben.
E [ ] Die Menge an Hausaufgaben für jedes einzelne Fach ist an einem Nachmittag nicht zu bewältigen.
F [ ] Fragen und Zusammenhänge werden deutlicher, weil es allein leichter ist, sich zu konzentrieren und im eigenen Tempo zu arbeiten.

Beispiele (1), **Belege** (2), **Zitate** (3)

[D] Im Internet, z. B. auf der Seite „hausaufgaben.de", werden ganze Deutschaufsätze und Lösungshilfen zu Mathematikaufgaben angeboten.
[A] Wissenschaftliche Studien haben ergeben, dass der Lerneffekt erst durch die Wiederholung eines Stoffes auf Dauer gesichert wird.
[E] Eine Elterninitiative äußerte besorgt: „Lehrer verlieren oft den Blick für das rechte Maß, sodass der Umfang der Hausaufgaben und der dafür notwendige Zeitaufwand den ganzen Nachmittag beanspruchen. An die anderen Fächer, die für den nächsten Tag vorzubereiten sind, wird selten gedacht."
[B] „Das kenne ich aus eigener Erfahrung: Mein Stundenplan ist sehr voll. Ich habe oft bis in den Nachmittag Unterricht, und bis ich dann zu Hause bin und gegessen habe, ist es fast schon wieder Zeit zum Abendessen. Neben den Hausaufgaben bleibt darum kaum Zeit zum Spielen oder für Freunde und Sport."
[F] Hat jemand während des Unterrichts ein Verständnisproblem, klären dies alle zusammen. Dann reicht die Zeit oft nicht für alle Fragen und manches fällt einem gar nicht ein, weil gerade so viele andere Dinge besprochen werden.
[C] Eine im Unterricht erarbeitete Textzusammenfassung zeigt den Aufbau und die Vorgehensweise exemplarisch. Aber es ist bekannt, dass erst eine selbstständig verfasste Zusammenfassung beweist, ob man das Prinzip verstanden hat.

Seite 12

1 *a) Stoffsammlung, z. B.:*

Freunde treffen, tolle Musik, tanzen, neueste Hits hören, Unterhaltung, Treffpunkt, Abbau von Aggressionen, neue Bekanntschaften, schöne Lichteffekte, Schule und Alltag vergessen, entspannen, Bewegung haben, irre Klamotten anziehen, Rhythmus spüren, Leute sehen und gesehen werden

c) zum Beispiel:

gute Unterhaltung
tanzen
tolle Musik hören
neueste Hits hören
schöne Lichteffekte
irre Klamotten anziehen

Entspannung
Abbau von Aggressionen
Schule und Alltag vergessen
Bewegung haben
Rhythmus spüren

Treffpunkt
Freunde treffen
neue Bekanntschaften
Leute sehen und gesehen werden

Seite 13

2 *mögliche Gliederung, z. B.:*

A eine neue Diskothek in unserem Ort
B Diskotheken sind beliebt
I. gute Unterhaltung
1. neueste Hits hören
2. schöne Lichteffekte
3. tanzen
II. Entspannung
1. durch Bewegung Aggressionen abbauen
2. Schule und Alltag vergessen
III. Beliebter Treffpunkt
1. Treffen mit Freunden
2. Kennenlernen neuer Leute
C Leider oft viel Alkohol- und Drogenkonsum

Seite 14

1 *Was mich an Diskotheken reizt, ist die Tatsache, dass man sich hier gut mit Freunden treffen kann, seien es solche aus der jetzigen Klasse, aus einer anderen Schule oder aus dem Bekanntenkreis. Am Wochenende will man möglichst alle Freunde sehen und mit ihnen etwas unternehmen. Dazu eignet sich die Diskothek als Treffpunkt besonders gut.*

Meine Clique ist z. B. fast jeden Samstag im „Airport" zu finden, sodass wir uns, ohne uns großartig verabreden zu müssen, einmal die Woche sehen.

Aber nicht nur bisherige Bekannte und Freunde trifft man, denn auch neue Leute kann man in der Disko ohne Weiteres kennen lernen. Fast jedes Mal lernt man jemanden kennen, spricht mit ihm oder ihr ein paar Worte und begrüßt sich beim nächsten Besuch oder wenn man sich sonst wo trifft.

Ich habe z. B. kürzlich jemanden wieder getroffen, den ich in der Diskothek kennen gelernt habe und der mittlerweile Angestellter in einer Bank ist, sodass er mir gleich ein paar gute Tipps zu einem Sparvertrag geben konnte.

Argumente sind einfach unterstrichen, Beispiele doppelt.

Seite 15

1 *zum Beispiel:*

a) ***Ein aktuelles oder persönliches Ereignis:***
Vor einem Monat wurde in unserem Ort eine neue Diskothek namens „Airport" eröffnet. Inzwischen war ich schon einige Male dort und habe immer einige Freunde aus meiner Clique, aber auch viele Mitschüler getroffen. So eine Diskothek ist also bei Jugendlichen sehr beliebt.

b) ***Ein historischer Rückblick:***
Seit den 1970er Jahren gibt es überall auf der Welt Diskotheken, die gerne besucht werden. Natürlich hat sich bis heute in der Ausgestaltung der Diskotheken und in den angebotenen Musikrichtungen einiges verändert, aber eine Sache ist über 30 Jahre hinweg gleich geblieben: Diskotheken sind bei Jugendlichen beliebt.

c) ***Ein Vergleich mit etwas Ähnlichem:***
Manche Vereine bieten Tanzabende oder Tanzpartys an, die gerade am Wochenende gut besucht sind. Im Unterschied zu den Tanzpartys ist es in einer Diskothek zwar nicht üblich, paarweise zu tanzen. Aber ähnlich wie die Tanzabende sind auch die Diskotheken, die es mittlerweile in jeder größeren Ortschaft gibt, bei den Jugendlichen sehr beliebt.

2 *a) zum Beispiel:*

Es gibt also viele Gründe dafür, dass Diskotheken von Jugendlichen gerne aufgesucht werden. Allerdings führen solche Besuche auch häufig dazu, dass manche zu viel Alkohol trinken oder sogar Drogen nehmen. Wenn sie dann auch noch selbst Auto fahren, ist die Unfallgefahr groß. Nichtalkoholische Getränke sollten deshalb meiner Meinung nach billiger angeboten werden als alkoholische, damit der Diskobesuch auch weiterhin ein Vergnügen bleibt.

Seite 19

1 *a)* ***Unbekannte Wörter:***
diskreditieren *(lat./ital.): dem Ruf, Ansehen einer Person, Sache schaden, abträglich sein*
Plänkelei: *Spielerei*
Exempel: *Beispiel*
Rivalität: *Kampf um den Vorrang*
sadistisch: *sich an der Qual anderer erfreuend*

b) ***Schlüsselwörter****: Brücke der Verständigung, Hassorgien, Wettstreit, Sieger, Prestigefrage, die primitivsten Kampfinstinkte, Krieg, Zuschauer, Exempel nationaler Qualität, Gefühl der Rivalität, Gewinner, Verlerer, Anstand, Hass, Eifersucht, Prahlerei, Missachtung aller Regeln, dem sadistischen Vergnügen, Krieg*

c) Folgenden Satz könntest du geschrieben haben:

In diesem Text geht es darum, dass internationale Sportwettkämpfe so brutal sein können wie sonst nur der Krieg.

2 *In seinem Text „Sport ist Krieg" vertritt George Orwell die These, dass Sport in internationalem Maßstab keine Brücke der Verständigung schlägt, sondern zu Hassorgien verleitet und dem Krieg gleichzusetzen ist.*

3 *Sportwettkampf verleitet zu Hassorgien – Beleg: allgemeine Kriterien, Wettstreit um Sieg*
Sportarten basieren auf Wettstreit, Sieger sein ist wichtig, primitivste Kampfinstinkte angesprochen – Beispiel: Fußball-Schulmannschaft
Tendenz der Völker, in Rage zu geraten – Beispiel: Reaktion der Zuschauer, sie sehen Sport als Probe nationaler Qualität
Gefühl der Rivalität führt zu Missachtung von Regeln – Beleg: Zuschauer greifen ein, buhen
Sport ist nicht anständig – Beispiele: voller Hass, Eifersucht, Prahlerei, Sadismus

4 *Folgende Gegenargumente könntest du formuliert haben:*

Beim Sport und bei Wettkämpfen kann man in kontrollierter Weise Aggressionen und überschüssige Energie abbauen.
Viele Sportarten haben strenge Regeln, auf deren Einhaltung von Schiedsrichtern geachtet wird und die auch von den Zuschauern respektiert werden. Bei Tennisspielen oder Golfturnieren verhält sich das Publikum z.B. sehr anständig.
Gerade im internationalen Sport wird Fairness großgeschrieben. Der Gedanke spielt z. B. bei den Olympischen Spielen eine wichtige Rolle.

Seite 21

1 *a) Die Geschichte spielt in einer französischen Hafenstadt.*

b) Zeile 1: In einem Hafen an einer westlichen Küste Europas; Zeile 81: direkt nach Paris.

2 *c) Zum Beispiel: Den „Wellenkamm" nennt man den oberen Teil der Welle, der aussieht wie ein Kamm. „Eilfertig" ist jemand, der etwas besonders eilig und dienstbeflissen, anbiedernd tut.*

3 *Folgende Überschriften könntest du formuliert haben:*

I) Tourist weckt dösenden Fischer
II) Tourist erteilt Fischer Lebensberatung
III) Verunsicherter Tourist ist neidisch

Seite 22

4 *In einem Hafen weckt ein Tourist einen ärmlich gekleideten Fischer durch das Klicken seines Fotoapparates, fängt ein Gespräch mit ihm an und rät ihm, mehr zu arbeiten, um Wohlstand anzuhäufen und sich eines Tages beruhigt zurücklehnen zu können. Der Fischer entgegnet, er habe für die nächsten Tage genug gefangen, ruhe sich jetzt bereits aus und sei nur durch das Klicken gestört worden, woraufhin der Tourist nachdenklich und neidisch davongeht.*

5 *Der Tourist argumentiert, der Fischer könne größeren Profit erzielen, ein Imperium aufbauen und sich im Alter ausruhen.*

6 ***Der Fischer**: Wir arbeiten, um zu leben.*
***Der Tourist**: Wir leben, um zu arbeiten.*

7 *a) Folgende Textstellen solltest du markiert haben:*

das fast feindselige Geräusch, eilfertige Höflichkeit, Zuviel an flinker Höflichkeit, unangebrachte, doch rührende Kümmernis, wie einem Kind, das sich verschluckt hat, solcherlei belehrte, denn früher hatte er auch einmal geglaubt, er arbeite, um eines Tages einmal nicht mehr arbeiten zu müssen

b) Heinrich Böll wollte vermutlich zeigen, dass sich Lebensglück nicht in Geldvermögen spiegelt.

Seite 23

8 *a)*

***Text 1:** gut: Angaben zum Autor, Titel, Erzählperspektive, Personen, Ort des Geschehens;*

***Text 2:** Fehler: Tempusform Präteritum; nicht so elegant: Erwähnen der Aufgabenstellung; gut: Angabe des Ortes;*

***Text 3:** Fehler: Tempusform Präteritum; nicht so gut: Nacherzählen des Geschehens, gut: Angabe zu Personen und Ort.*

9 *Deine Einleitung könnte folgendermaßen aussehen:*

Die „Anekdote zur Senkung der Arbeitsmoral" von Heinrich Böll spielt in der Gegenwart in einem Hafen an einer westlichen Küste Europas und dreht sich um das Gespräch zwischen einem Touristen und einem Fischer. Die Anekdote wird von einem Er-Erzähler erzählt.

10 *a) + b)*
Nachdem das Klicken des Fotoapparates den alten Fischer aufgeweckt <u>hatte</u>, ~~bot ihm der Tourist eine Zigarette an und~~ <u>versuchte</u> mit ihm ins Gespräch zu kommen.
Er <u>prophezeite</u> dem Fischer einen guten Fang. ~~„Man hat mir gesagt, dass das Wetter günstig ist."~~
Da der Fischer nicht <u>antwortete</u> ~~und er sich Sorgen um ihn machte~~, <u>fragte</u> er nach: „Oh, Sie fühlen sich nicht wohl?"
Die Reaktion des Fischers <u>verunsicherte</u> ihn immer mehr.

Tempus: ______________

direkte Rede: ....

11 *Der Tourist hat den dösenden Fischer durch das Klicken seines Fotoapparates aufgeweckt und fängt ein Gespräch mit ihm an. Er hat Mitleid mit dem ärmlich aussehenden Mann und erkundigt sich, warum er nicht ausfahre. Der Fischer erwidert, er sei bereits ausgefahren und habe für die nächsten Tage genug gefangen. Der Tourist kann dies nicht nachvollziehen und erzählt dem Fischer, er könne durch Mehrarbeit ein Fischfangimperium aufbauen, um später im Alter beruhigt am Hafen sitzen und dösen zu können. Der Fischer entgegnet, genau das tue er ja bereits und nur das Klicken habe ihn dabei gestört. Daraufhin geht der Tourist nachdenklich davon und empfindet nicht mehr Mitleid, sondern Neid.*

Seite 25

1 *b) **Wo?** vor einem Badezimmerspiegel und in einer Badewanne*
***Wann?** in der Gegenwart*
***Welche Figuren?** ein kleiner Junge und seine Mutter*
***Worum geht es?** Ein kleiner Junge steht nackt im Licht einer Höhensonne, die seine Haut grün erscheinen lässt, und stellt sich vor, wie es wäre, wenn er tatsächlich grün wäre.*
***Wer erzählt?** ein Erzähler, der auch die Gedanken des kleinen Jungen wiedergibt*

c) Die 1960 erschienene Kurzgeschichte „Grün ist schöner" von Gabriele Wohmann spielt in der Gegenwart in einem Badezimmer. Ein kleiner Junge nimmt seine Haut im Licht einer Höhensonne als grün wahr und fantasiert darüber, wie sein Leben als „grüner Mensch" aussähe. Die Geschichte wird von einem Er-Erzähler erzählt.

2 *b)*

äußere Handlung	*innere Handlung*
Der kleine Junge dreht sich vor dem Badezimmerspiegel, hebt die Arme, streckt die Zunge heraus und betrachtet sich. Nach dem Ruf der Mutter, ob er schon im Wasser sei, setzt er sich in die Badewanne. Auch von dort aus sieht er sich im Spiegel. Die Mutter ruft, sie werde ihn bald aus der Wanne holen, kommt schließlich ins Zimmer, schaltet die Höhensonne aus und das Deckenlicht ein.	*Der kleine Junge stellt sich vor, dass er ein grüner Mensch ist, vor dem sich die Leute fürchten. Er malt sich aus, wie er seinen grünen Körper in der Schule und später als Erwachsener unter seiner Kleidung verbergen wird. Seine Besonderheit wird ihn zum Außenseiter machen, der schon als junger Mensch einsam ist. Nur seine Mutter wird wissen, wie seine grüne Haut aussieht.*

3 *Beispiel:*

Die 1960 erschienene Kurzgeschichte „Grün ist schöner" von Gabriele Wohmann spielt in der Gegenwart in einem Badezimmer. Ein kleiner Junge nimmt seine Haut im Licht einer Höhensonne als grün wahr und fantasiert darüber, wie sein Leben als „grüner Mensch" aussähe. Die Geschichte wird von einem Er-Erzähler erzählt.
Der Junge dreht und wendet sich vor dem Spiegel, betrachtet seine grüne Hautfarbe und stellt sich vor, wie er in der Schule und später im Erwachsenenleben deswegen von anderen Menschen ausgegrenzt werden würde. Er würde versuchen, seine Haut zu verbergen, und als einsamer Mann enden. Zum Schluss kommt seine Mutter in das Badezimmer und schaltet die Höhensonne aus.

Seite 27

1 *a) In dem Zeitungstext „Wenn Wörter nichts sagen" werden allgemeine Aussagen über Analphabetismus durch einen konkreten Fall erläutert.*

Seite 28

3 *Folgende Schlüsselwörter solltest du markiert haben:*

Weltalphabetisierungstag, Schreibschwächen, sogar Schüler, fehlende Schlüsselqualifikationen, 70 000 Jugendliche ohne Abschluss, Analphabeten, völlig orientierungslos, Schamgefühl, rund vier Millionen, acht Jahre zur Schule, lernte nie lesen und schreiben, kein Einzelfall, UNESCO, zwischen 0,75 und drei Prozent, Dunkelziffer noch höher, Angst vor Bloßstellung, Versagen der Schulen, zweite Gruppe von Analphabeten, Grundkenntnisse, wieder vergessen, täglichen Anforderungen nicht gewachsen, Handwerksberufe, durchgemogelt, fortschreitende Technisierung, steigende Arbeitslosenzahlen, viele Einrichtungen, spezielle Kurse, 430 Institutionen, Alfa-Telefon, Sinn der Buchstaben, lesen kann, tolles Gefühl

4 *b) Abschnitt 1: Z. 1–16: Einführung in das Thema Analphabetismus*
Abschnitt 1: Z. 17–33: das Problem des Analphabetismus
Abschnitt 1: Z. 34–49: Gründe für den Analphabetismus
Abschnitt 1: Z. 50–66: der Alltag der Analphabeten
Abschnitt 1: Z. 67–80: die Bekämpfung des Analphabetismus

5 *b) So könnte deine Textzusammenfassung aussehen:*

In dem Zeitungsartikel „Wenn Wörter nichts sagen" von Marion Kraske, der in der Aachener Zeitung veröffentlicht wurde, geht es um das Thema Analphabetismus.
Am Beispiel von Anton Ehrlich schildert Marion Kraske das schwierige Alltagsleben erwachsener Analphabeten. In Deutschland allein leben rund vier Millionen Menschen ohne ausreichende Lese- und Schreibkenntnisse, die entweder bereits in der Schule nicht genug gelernt haben oder das Gelernte anschließend wieder vergessen haben. Zwar können Analphabeten in Handwerksjobs oder anderen praktischen Arbeitsfeldern zurechtkommen, aber mit fortschreitender Technisierung wachsen ihre Probleme. Oft rutschen sie in die Arbeitslosigkeit. Dabei gibt es Hilfe: 430 Institutionen, vorwiegend Volkshochschulen, bieten in Deutschland Schulungen an, das Alfa-Telefon steht Analphabeten beratend zur Seite. Auch Anton Ehrlich hat als Erwachsener noch lesen und schreiben gelernt: mit 30 Jahren – und gutem Erfolg.

Seite 30

2 *Kakophonie: schlecht klingende Folge von Lauten*
Sensor: elektronischer Fühler
registrieren: selbsttätig aufnehmen
Akustik: Schalltechnik
orten: die Lage bestimmen
reflektieren: zurückstrahlen, spiegeln
sensibel: Reize aufnehmen

3 *a) zum Beispiel:*

Wer berichtet? → Wissenschaftler des Pacific Marine Environmental Laboratory in Newport (USA)
Was untersuchen die Wissenschaftler? → Sie untersuchen die Klänge der Tiefsee.
Wo stellen die Wissenschaftler ihre Untersuchungen an? → Sie forschen in den Ozeanen.
Wann? → Keine Antwort im Einleitungstext.
Warum? → Keine Antwort im Einleitungstext.

b) Abschnitt 1 (Zeile 1–11): rätselhafte Geräusche in den Ozeanen
Abschnitt 2 (Zeile 12–21): Vermutungen und Fragen
Abschnitt 3 (Zeile 22–39): Tremor und Walgesänge
Abschnitt 4 (Zeile 40–51): sensible Mikrofone

Seite 31

1 Am 30. Mai 2005 war es endlich so weit: Das neue Fußballstadion des TSV 1860 München und des FC Bayern München konnte eingeweiht werden. In nur drei Jahren Bauzeit wurden damit die futuristisch anmutenden Pläne in die Wirklichkeit umgesetzt. Wegen seiner außergewöhnlichen Form wird dieses Stadion schon jetzt zu den am meisten beachteten Fußballarenen der Welt gezählt. Insbesondere die Außenhaut, die in den beiden Vereinsfarben beleuchtet wird, erregt große Aufmerksamkeit. Nicht weniger als 25 000 rote, blaue und weiße Lampen wurden installiert. 66 000 Zuschauer haben im Stadion einen Platz – und zwar einen Sitzplatz! Das Herzstück der Arena, der Rasen, wurde kurz vor der Eröffnung auf 20 Schwerlastzügen aus dem oberbayerischen Waidhofen angeliefert und innerhalb von zwei Tagen verlegt. Trotz der Überdachung des Stadions wurde ein gutes Rasenwachstum sichergestellt, da die transparente Außenhülle 98 Prozent des UV-Lichtes passieren lässt. Auch für eine ausreichende Belüftung des Rasens wurde gesorgt: Der Wind kann von jeder Himmelsrichtung unter dem Baukörper hindurch über das Spielfeld streichen.

2 (Die Handlungsträger müssen nicht unbedingt genannt werden und stehen deshalb hier in Klammern.)

Am 30. Mai 2005 wurde das Stadion (von dem leitenden Bauunternehmen) offiziell an die beiden Fußballvereine übergeben.

Die beeindruckende Technik wurde (von Fans und Medienvertretern) beim ersten Spiel im neuen Stadion bestaunt.

Der Eröffnungs-Doppelpass wurde unter großem Jubel (von zwei Spielern des TSV 1860 München) ausgeführt.

Seite 32

1 ***Johann Wolfgang Goethe***
Das Göttliche

Edel sei der Mensch,
Hülfreich und gut!
Denn das allein
Unterscheidet ihn
Von allen Wesen,
Die wir kennen.

Heil den unbekannten
Höhern Wesen,
Die wir ahnen!
Ihnen gleiche der Mensch;
Sein Beispiel lehr uns
Jene glauben.

Denn unfühlend
Ist die Natur:
Es leuchtet die Sonne
Über Bös' und Gute,
Und dem Verbrecher
Glänzen wie dem Besten
Der Mond und die Sterne.

[...]

Der edle Mensch
Sei hülfreich und gut!
Unermüdet schaff er
Das Nützliche, Rechte,
Sei uns ein Vorbild
Jener geahneten Wesen!

3

	dürfen	haben	können	mögen
ich	dürfe	habe	könne	möge
du	dürfest	habest	könnest	mögest
er/sie/es	dürfe	habe	könne	möge
wir	dürfen	haben	können	mögen
ihr	dürfet	habet	könnet	möget
sie	dürfen	haben	können	mögen

	müssen	werden	wollen
ich	müsse	werde	wolle
du	müssest	werdest	wollest
er/sie/es	müsse	werde	wolle
wir	müssen	werden	wollen
ihr	müsset	werdet	wollet
sie	müssen	werden	wollen

Seite 33

4 Peter Härtling
Wenn jeder eine Blume pflanzte

Wenn jeder eine Blume pflanzte,
jeder Mensch auf dieser Welt,
und, anstatt zu schießen, tanzte
und mit Lächeln zahlte statt mit Geld –
wenn ein jeder einen andern wärmte,
keiner mehr den andern schlüge,
keiner sich verstrickte in der Lüge,
wenn die Alten wie die Kinder würden,
sie sich teilten in den Bürden,
wenn dies WENN sich leben ließ (ließe),
wär's noch lang kein Paradies –
bloß die Menschenzeit hätt angefangen,
die in Streit und Krieg uns beinah ist vergangen.

5 Beispiel:

Wenn der Kater eine eigene Fernbedienung hätte, säße er den ganzen Tag auf dem Sofa herum. Er vergäße das Mäusejagen. Deshalb würden die Mäuse immer mehr und plünderten (auch: würden plündern; siehe Seite 33) die Vorratskammer. Dann aber hätte Frau Müsli keine Kekse mehr und nörgelte deshalb abends andauernd an ihrem Mann herum. Dieser wäre darum froh, wenn der Kater wieder mit ihm um die Fernbedienung stritte (stilistisch besser: streiten würde; siehe Seite 33).

Seite 34

6 ***Nur ein Kind für Chinas Zukunft***

① betrage (Konj. I); ② werde (Konj. I); ③ sei (Konj. I); ④ wären (Konj. II; Distanzierung); nicht bewiesen werden könnten (Konj. II; Distanzierung); ⑤ sei (Konj. I); ⑥ würden bereits Hunger leiden (würde-Form; Konj. I identisch mit Indikativ Präsens, Ersatzform Konj. II „litten" identisch mit Indikativ Präteritum); ⑦ würden ... sein (würde-Form; Distanzierung, Konjunktiv II „wären" hier aber unpassend); ⑧ versuche (Konj. I); bekommen dürfe (Konj. I); ⑨ werde ... gehandhabt (Konj. I); ⑩ bekämen (Konj. I identisch mit Präsens Indikativ; Ersatzform Konj. II); würden ... erhalten (würde-Form, da Konj. I identisch mit Präsens Indikativ); ⑪ Habe (Konj. I); müsse ... einholen (Konj. I); ⑫ sei (Konj. I); wolle (Konj. I); ⑬ würden ... abgetrieben (Konj. II – hier identisch mit würde-Form, da Konj. identisch mit Indikativ Präsens Passiv); ⑭ halte (Konj. I); ⑮ würden ... belegen (würde-Form zur Distanzierung, Konj. II hier zudem ungewöhnlich); sei (Konj. I)

Seite 35

8 *a) berichten, zusammenfassen, betonen, wiedergeben, zurückgeben, antworten, fragen, benennen, bezeichnen, äußern, erzählen, informieren, mitteilen, behaupten, erwähnen, nennen, vorbringen, beteuern ...*

b) So könnte deine Lösung aussehen:
Heimliche Kinder

Ein armer Bauer namens Gou Xiling aus einem Bergdorf in der Provinz versicherte mir, sie dürften dort oben zwei Kinder haben, weil sie in einem Dorf in den Bergen leben würden. Er beteuerte, dass sie bei der harten Arbeit viel Hilfe benötigen, und da stelle sich natürlich die Frage, wer den Bauern wohl helfen solle, wenn nicht die eigenen Kinder. Dass sein erstes Kind eine Tochter gewesen war, sei „schon schlimm genug" gewesen. Von der Ein-Kind-Politik halte er gar nichts. „Wir sind hier auf viele Kinder angewiesen", sagt der Mann, „am besten Söhne." Es stelle sich schließlich die Frage, wer ihn und seine Frau im Alter versorgen solle. Auf den Staat sei nicht zu zählen. Es stehe für ihn fest, dass man von Politikern nichts zu erwarten habe. Daher sei ihnen gar nichts anderes übrig geblieben, als ein drittes Kind zu bekommen. Nach der Geburt, berichtet der Mann, habe er das Kind bei seinem Bruder versteckt, damit es nicht entdeckt werden würde. „Zum Glück", betont der Bauer abschließend, „wird in den Bergen die Zahl der Kinder kaum überprüft. In der Stadt jedoch sind die Behörden strenger."

Seite 36

9
① hätten, falle auf
② nähmen wahr, ansehe, entfalle, enthalte
③ kämen heran, erführen
④ gäben, brauchten, gerieten, sähen
⑤ versprächen, zwängen
⑥ wüssten, beeinflussten
⑦ habe, glaube, mache

Seite 37

10
① ... ständen die deutschen Medien ... würden ohne Werbung das Dreifache kosten ... müssten die Gebühren verdoppeln.
② ... die Wirkungen der Werbung grotesk überschätzt würden. ... könne einfach weghören oder abschalten ... keinen Rasenmäher brauchten (brauchen würden), würden auch die besten Werbetechniken nicht wirken, ... anschauten (anschauen würden). ... ließen sich also nicht so leicht beeinflussen.

Seite 38

1 *Das eingekreiste Komma kann, muss aber nicht gesetzt werden.*

Brief Theodor Storms an seine Eltern

Wie unendlich gemütlich war das einst vor Jahren zu Hause, wenn in der großen Stube die Lichter angezündet waren, der Teekessel sauste, die braunen Kuchen und Pfeffernüsse standen auf dem Tisch, Vater und wir Kinder warteten dort auf Lorenzen und Onkel Woldsen, während drüben in der Wohnstube der Weihnachtstisch arrangiert wurde. Wie oft wurden wir getäuscht, wenn statt der erwarteten Gäste eine Schar singender Kinder in die Haustür drängte. Aber dann ging's erst einmal hinunter in die Küche, wo der große Kessel über dem Herdfeuer stand und wo schon die ersten Futjen auf der Siebschüssel lagen. Jedes Mal(,) wenn ich Onkel Woldsens mir noch erhaltene Geschenke zu Gesicht bekomme, danke ich dem Mann für die Freude, die er mir als Kind an so manchem Weihnachtsabend gemacht hat, und jetzt, wo ich es so gern noch möchte und wo es nicht mehr möglich ist, kann ich nicht begreifen, dass ich ihm in späteren Jahren niemals wieder meinen Dank ausgesprochen habe, aber vergessen ist es nicht.

Die Hauptsätze sind unterstrichen.

Seite 39

1 *Bettina Brentano erlebt mit acht Jahren, dass ihre Mutter stirbt. Als Erwachsene schreibt sie über sich: „Das Kind kann's nicht begreifen, dass man nicht mehr da sein könnte." Der Vater meint, dass Bettina in einem Internat am besten aufgehoben sei. Sie kommt in das Ursulinen-Kloster nach Fritzlar. Das Mädchen freut sich, dass es musizieren, tanzen und die Pflanzen im Klostergarten pflegen kann. Ihre erwachsenen Geschwister aber argwöhnen, dass bei Bettina – gemessen an den Normen der Zeit – eine „Verwilderung" stattfindet. So kritisieren sie, dass ihre Schwester nicht regelmäßig an den Vater nach Frankfurt schreibt. Über die erwachsene Bettina Brentano schreibt Charlotte von Kalb, dass es ihr an Schalkheit, Laune, angeborenem Reichtum und Leichtsinn keiner gleichtue.*

Seite 40

2
1. *Dann schlägt die Großmutter Sophie von Laroche vor (,) die Enkelin Bettina zu sich nach Offenbach zu nehmen. → Infinitivsatz*
2. *Bettina ist froh (,) aus der Großstadt in eine ländlichere Gegend zu kommen. → Infinitivsatz*
3. *Die Großmutter hat Verständnis dafür, dass das lebhafte Mädchen alles Gekünstelte ablehnt. → dass-Satz*
4. *Hin und wieder rafft sich Sophie von Laroche aber doch dazu auf, Bettina erzieherische Vorhaltungen zu machen. → Infinitivsatz*
5. *Die Enkelin soll einsehen, dass man es ohne systematisches Lernen zu nichts bringt. → dass-Satz*
6. *Es gehe doch nicht an, dass man die Feder übers Papier schnurren lasse, ohne auf Punkt und Komma zu achten und dabei Bethmann in Bettmann umbenenne. → dass-Satz, Infinitivsatz*
7. *Schließlich fragt die Großmutter Bettina, ob sie nicht Latein lernen wolle. → indirekter Fragesatz*
8. *Bettina verspricht, dies zu tun. → Infinitivsatz*
9. *Draußen klettert Bettina dann aber auf einen Baum und flüstert ihm zu: „Ich nehm's zurück, dass ich Latein lernen will. → dass-Satz*
10. *Mach, dass Großmutter nicht darüber traurig ist." → dass-Satz*
11. *Bettina weiß nicht, dass sie ihrer verstorbenen Mutter sehr ähnelt und die Großmutter ihr deshalb vieles nachsieht. → dass-Satz*
12. *Von Bettinas Mutter wird berichtet, dass Goethe in sie verliebt gewesen sei. → dass-Satz*

Seite 41

1
2. *Nachdem er den Militärdienst abgeleistet hatte, widmete sich Chamisso umfassenden Naturstudien.*
3. *Weil er sich zwischen Frankreich und Deutschland zerrissen fühlte, schrieb Chamisso französische und deutsche Verse.*
4. *Chamisso nahm ab 1815 als Botaniker an einer dreijährigen Weltumseglung teil, um die Natur zu studieren.*
5. *Chamisso machte sich unter den Wissenschaftlern Berlins einen Namen, indem er viele Schriften zur Botanik und Zoologie verfasste.*

Seite 42 + 43

2 *a) + b)*

Adelbert Chamisso –
wie aus einem jungen Mann ein rechter Kerl wird

① Damit aus ihm „in einigen Jahren ein gemachter Mann und ein rechter Kerl" werde, beschließt Chamisso 1812 Naturwissenschaftler zu werden. ② Obwohl das Studium viel Zeit erfordert, schreibt er zudem an der Erzählung „Die wundersame Geschichte des Peter Schlemihl".
③ In der Geschichte verführt der Teufel den Helden Schlemihl, indem er ihm große Reichtümer verspricht. ④ Wenn ihm Schlemihl seinen Schatten verkaufe, werde dessen Geldsäckel stets gefüllt sein. ⑤ Nachdem Schlemihl eingewilligt hat, bemerkt er bald seinen Fehler. ⑥ Ohne Schatten ist er allen unheimlich, sodass er aus der Gesellschaft ausgeschlossen wird. ⑦ Als ihm der Teufel seinen Schatten zum Preis seiner Seele zurückgeben will, lehnt Schlemihl ab. ⑧ Fernab aller Zivilisation studiert er die Natur und schreibt seine Beobachtungen auf, sodass er schließlich von großem Nutzen für die gesamte Menschheit ist.
⑨ Da das Buch ein sensationeller Erfolg wird, ist Chamisso mit einem Mal ein gemachter Mann. ⑩ Um endlich aber auch als rechter Kerl zu gelten und – wie Schlemihl – seinen Mitmenschen von Nutzen zu sein, verfolgt er weiterhin seine botanischen Studien und wird so zu einem angesehenen Wissenschaftler.

c) ② Trotz welchen Umstandes schreibt er an der Erzählung? Einschränkung/ungenügender Gegengrund → Konzessivsatz
③ Auf welche Art und Weise verführt der Teufel Schlemihl? Art und Weise → Modalsatz
④ Unter welcher Bedingung werde sein Geldsäckel stets gefüllt sein? Bedingung → Konditionalsatz
⑤ Wann bemerkt Schlemihl seinen Fehler? Zeitpunkt → Temporalsatz
⑥ Welche Folge ergibt sich aus dem Zustand der Schattenlosigkeit? Folge → Konsekutivsatz
⑦ Wann lehnt Schlemihl das Angebot des Teufels ab? Zeitpunkt → Temporalsatz
⑧ Mit welcher Folge studiert Schlemihl die Natur? → Konsekutivsatz
⑨ Warum ist Chamisso mit einem Mal ein gemachter Mann? Grund → Kausalsatz
⑩ Zu welchem Zweck verfolgt er weiterhin seine Studien? Zweck → Finalsatz

Seite 44

1

1.

wuchs Gryphius ... auf.

Seinen Vater ... verloren habend (,) | *Hauptsatz*

Partizipialsatz

2.

Das evangelische Gymnasium Glogau, | *besuchte Gryphius ...*

Hauptsatz | *im Zuge ... geschlossen,* | *Hauptsatz*

Partizipialsatz

3.

so besuchte Gryphius anschließend ...

Auch seine Mutter verloren habend, | *Hauptsatz*

Partizipialsatz

4.

Gryphius, | *gab ... Form*

Hauptsatz | *eigentlich Greif heißend,* | *Hauptsatz* | *wie damals ... verbreitet.*

Partizipialsatz | *Partizipialsatz*

Seite 45

2 *Durchdrungen vom Gedanken der menschlichen Vergänglichkeit (,) veröffentlichte Andreas Gryphius 1637 mit 21 Jahren seine ersten Sonette.*
Als Hauslehrer die Söhne des Hofpfalzgrafen Georg Schönborner unterrichtend, so begleitete er diese auf eine Reise in die Niederlande.
Er blieb in der niederländischen Stadt Leiden, Naturwissenschaften, Sprachen und Staatslehre studierend.
Gryphius, studiert und weit gereist, kehrte nach Fraustadt zurück, dort 1649 seine Frau Rosina Deutschländer heiratend.
Vier Söhne und drei Töchter habend (,) ließ er sich schließlich wieder in Glogau nieder.
Ab 1650 war er, von den Dichtern und Gelehrten seiner Zeit hochgeehrt, Syndicus (Rechtsberater) der Stände des Fürstentums Glogau.
1652 wurde er in die bedeutendste Sprachgesellschaft seiner Zeit, die „Fruchtbringende Gesellschaft“ genannt, aufgenommen.
1664 während einer Sitzung der Glogauer Stände am Schlaganfall gestorben (,) gilt Gryphius heute als der bedeutendste Lyriker des Barock.
Neben seinen Sonetten, in aller Welt gerühmt, schrieb er auch zahlreiche Dramen.
Andreas Gryphius' gesammelte Werke erschienen 1698, veröffentlicht von seinem Sohn Christian.

3 *Zum Beispiel:*

Da er als Hauslehrer die Söhne des Hofpfalzgrafen Georg Schönborner unterrichtete, begleitete er diese auf eine Reise in die Niederlande.
Er blieb in der niederländischen Stadt Leiden, wo er Naturwissenschaften, Sprachen und Staatslehre studierte.
Gryphius kehrte als studierter und weit gereister Mann nach Fraustadt zurück, wo er 1649 seine Frau Rosina Deutschländer heiratete.
Er hatte vier Söhne sowie drei Töchter und ließ sich schließlich wieder in Glogau nieder.
1652 wurde er in die bedeutendste Sprachgesellschaft seiner Zeit, die „Fruchtbringende Gesellschaft“, aufgenommen.
Neben seinen Sonetten, die in aller Welt gerühmt werden, schrieb er auch zahlreiche Dramen.

Seite 46

1 *Die Hauptfigur der „Judenbuche“ ist Friedrich Mergel,* ***der*** *durch äußere Umstände sowie falschen Ehrgeiz ins gesellschaftliche Abseits gerät und zum Verbrecher wird. Das Handlungszentrum,* ***das*** *Droste-Hülshoff für ihre Novelle gewählt hat, ist die Judenbuche: Dort geschieht der Mord am Juden Aaron und dort begeht Friedrich Mergel Selbstmord. Das Geschehen,* ***das*** *rätselhafte Züge aufweist, bleibt für unterschiedliche Deutungen offen.*

2 *Herr von S. war auf dem Heimwege verstimmt, die jedesmalige Folge, wenn der Wunsch, seine Popularität aufrechtzuerhalten, ihn bewog, solchen Festen beizuwohnen. [...] Er deutete auf zwei dunkle Gestalten, die vor dem Wagen rannten wie Strauße. [...] Zu Hause angekommen, fand er den Hausflur vom ganzen Dienstpersonal eingenommen, das zwei Kleinknechte umstand, welche sich blass und atemlos auf der Stiege niedergelassen hatten. Sie behaupteten, von des alten Mergels Geist verfolgt worden zu sein, als sie durchs Brederholz heimkehrten. [...] Der eine wollte auch glühende Augen durch die Zweige funkeln gesehen haben und beide waren gelaufen, was ihre Beine vermochten (...[das] gelaufen, was ...). „Dummes Zeug!", sagte der Gutsherr verdrießlich und trat in die Kammer, sich umzukleiden. [...] und es fand sich, dass jemand eine Röhre verrückt hatte, augenscheinlich um nach dem Kopfe eines vor vielen Jahren hier verscharrten Pferdegerippes zu suchen, der für ein bewährtes Mittel wider allen Hexen- und Geisterspuk gilt. „Hm", sagte der Gutsherr, „was die Schelme nicht stehlen, das verderben die Narren."*

Infinitivsätze: __________
Relativsätze: \- \- \- \- \- \- \-

Seite 47

1 ***Treuer Freund Dji-gu,***

die Zukunft ist ein Abgrund. Was ich hier erlebe, **das** *(D) ist so vollständig anders als* **das** *(D), was du kennst und was ich gewohnt bin,* **dass** *(K) ich gar nicht weiß, womit ich meine Schilderung beginnen soll. Tausend Jahre,* **das** *(D) weiß ich nun, sind ein Zeitmaß,* **das** *(R) der Verstand nicht fassen kann. Tausend Jahre sind ein so gewaltiger Berg von Zeit,* **dass** *(K) selbst die kühnsten Vögel fantastischer Gedanken ihn nicht zu überfliegen vermögen. Ich bin sehr glücklich,* **dass** *(K) ich den Kontaktpunkt wieder gefunden habe. Unser K'ai-feng hat sich so vollständig geändert,* **dass** *(K) ich meine,* **das** *(D) müsste eine andere Stadt sein.* **Das** *(D) hängt vielleicht damit zusammen,* **dass** *(K) der Fluss seinen Lauf geändert hat; er fließt jetzt fast genau nach Norden. Wie* **das** *(D) alles zugegangen ist, kann ich mir nicht vorstellen. Ich traue unseren barbarischen Enkeln sogar* **das** *(A) Unmögliche zu,* **dass** *(K) sie die Hügel abgetragen haben. Bete,* **dass** *(K) ich gesund zurückkehre. Grüße mir meine Shiao-shiao.*
Kao-tai

Seite 48

1 ***Atta*** = *Vater;*
unsar/unsarana = *unser;*
thu = *du,* ***in*** = *in;* ***himinam:*** = *Himmel* (himina: *Himmel);*
weihnai: *geweihet (gesegnet;* weihan: *heilig gehalten werden);*
namo = *Name;* thein/theins /theina: *dein;*
qimai = *komme* (qiman: *kommen);*
wilja = *Wille;*
gif = *gib* (giban: *geben);*
uns = *uns;*
daga = *täglich* (dags: *Tag);*
skulans = *Schulden* (skulam: *Schuldner, Schuldiger);*
unseraim = *unseren;*
lausei = *löse (erlöse;* lausjan: *lösen, erlösen);*
ubilin = *Übeln* (ubil: *Übel);*
ist = *ist ;*
mahts = *Macht*

*(Zur Aussprache: Der gotische-***þ***-Laut wurde so wie heute das* **th** *im Englischen ausgesprochen.)*

2 *badi (got.): Bett,*
banc (ahd.): Bank,
bloma (got.): Blume,
spado (asächs.): Spaten,
spek (ahd.): Speck,
gans (ahd.): Gans,
seifa (ahd.): Seife,
kuning (ahd.): König,
hana (got.): Hahn,
hako (asächs.): Haken,
bloth (got.): Blut,
prot (ahd.): Brot

Seite 49

3

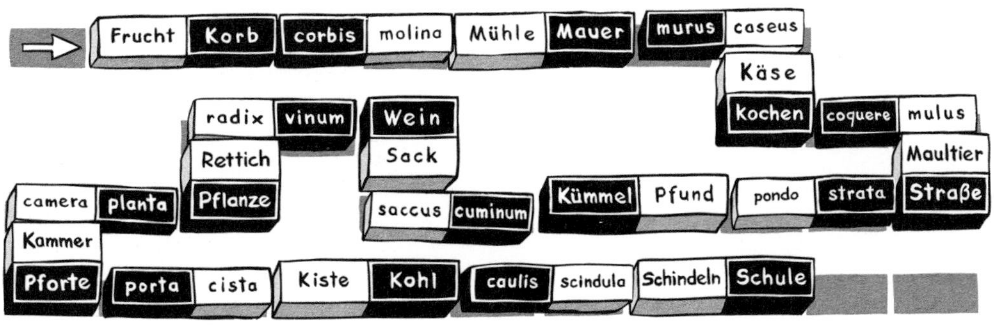

Anfangswort: fructus, Schlusswort: schola

4 *Generation, Internet, Browser, highway, Homepages, surfen, Downloads, Computer, Links, Websites, E-Mails, Chatroom, Kommunikation, Tempo, Internet, Problem, Multimedia, Cookies, Computerviren, System*

Seite 50

1 *a) + b)*

Mit dem ist nicht gut Kirschen essen.
- *„is" statt „ist": t entfällt (Wortform);*
- *„ned" statt „nicht": „e" statt „i" (Laut wird offener); „d" statt „cht" (Wortform / Aussprache: Laute entfallen, werden verändert; „d" statt „t" ist ein Beispiel für die typisch fränkische Konsonantenabschwächung)*
- *„goud" statt „gut": „ou" statt „u" (Aussprache: im Fränkischen sog. gestürzter Diphthong)*
- *„Kärrschen" statt „Kirschen": „ä" statt „i" (anderer Laut, andere Aussprache), „rr" statt „r" (Aussprache kürzer, härter)*

Da liegt der Hase im Pfeffer.
- *„do" statt „da" (Aussprache: Vokal stark verdumpft)*
- *„liegd" statt „liegt" (Aussprache: weicher)*
- *„dr" statt „der" (Aussprache: Laut entfällt)*
- *„Has" statt „Hase" (Wortform, Aussprache: Auslaut stark abgeschwächt, kaum mehr hörbar)*
- *„em" statt „im" (Aussprache: Vokal dunkler)*
- *„Pfeffr" statt „Pfeffer" („e" zwischen „ff" und „r" zur Verdeutlichung nicht mehr notiert / aufgeschrieben; zeigt Unterschied in der Aussprache: stark abgeschwächtes, dunkleres und kaum mehr hörbares „e")*

Doppelt genäht hält besser.
- *„dobbed" statt „doppelt" (Aussprache: „bb" statt „pp", „d" statt „t"; beide Male stimmhafte Laute)*
- *„gnahd" statt „genäht" (Aussprache / Wortform: „e" nach „g" entfällt in der Vorsilbe; Aussprache: „a" statt „ä", Laut stärker geschlossen, etwas dunkler; Aussprache „d" statt „t": stimmhafter Auslaut)*
- *„hoid" statt „hält" (Aussprache: Diphthong, Beispiel für typisch bairische Vorliebe für Diphthonge, vgl. „Bruada" statt „Bruder"; „d" statt „t" : stimmhafter Auslaut)*
- *„bessa" statt „besser" (Wortform: „r" fällt weg; Aussprache: „a" statt „e" geschlossener, Auslaut dunkler)*

c) Hier kommt es vor allem auf dein Sprachempfinden an. Dialektale Ausdrücke werden aber meist als kräftiger und ausdrucksstärker empfunden.

2 *Man kann ein Säckchen auch zubinden, wenn es noch nicht voll ist (Schwäbisch). Man muss sich manchmal auch mit weniger zufriedengeben können.*

Der redet viel, wenn der Tag lang ist (Fränkisch). Der sagt viele Dinge, die man nicht ernst nehmen muss, auf die kein Verlass ist.

Nichts Genaues weiß man nicht (Bairisch). Auch wenn viel geredet wird, gibt es doch nur Vermutungen.

Seite 51

4 *a) Zum Vergleich die Originalübersetzung aus dem Englischen von Rolf Inhauser:*

Der kleine Hase sollte ins Bett gehen, aber er hielt sich noch ganz fest an den langen Ohren des großen Hasen. Der kleine Hase wollte nämlich ganz sicher sein, dass der große Hase ihm auch gut zuhörte.

„Rate mal, wie lieb ich dich hab", sagte er.
„Oh", sagte der große Hase, „ich glaub nicht, dass ich das raten kann."
„So sehr", sagte der kleine Hase und breitete seine Ärmchen aus, so weit er konnte.

Ottfried Fischer weicht also auch im Wortbestand und Tempus von der Vorlage ab.

b) Hier kommt es vor allem auf dein Textempfinden an. Die bairische Version könnte gefühlvoller und ausdrucksstärker wirken.

Seite 52

1 *Text 1: seit kurzem (auch: Kurzem), Für und Wider, genug Essbares, langem Überlegen, Erfrieren, anfangs, willens, kreuz und quer, angesichts, ein bisschen*

Text 2: Freitag, nachmittags, gestern Abend, kommenden Freitag, nächsten Woche

Seite 53

Text 3: freundlich sein, kennen lernen (auch: kennenlernen), Schlange stehen, Zweifelsohne, zurückkehrte, haushalten, beiseitegeschoben, zugutehalten

Text 4: Neugierde, ließ, Schloss, erspähte, Saal, voller Feldbetten, Kriegsende, zugewiesen

Text 5: Atmosphäre, Rhythmus, euphorisch

Seite 54

1

Nomensignal	**nominal. Verben**	**nominal. Adjektive**	**andere Wortarten**
bestimmter/ unbestimmter Artikel		*den Kürzeren*	*das Für und Wider*
Präposition (+ Artikel)	*auf dem Laufenden*	*im Argen, zum Besten, um ein Beträchtliches*	
(Artikel +) vorangestelltes Adjektiv			*ein frühes Aus, das ganze Hin und Her*
vorangestelltes Pronomen		*ihr Bestes*	
vorangestelltes Indefinitpronomen		*alles Weitere*	

Seite 55

2 ***Reihenfolge**: anfangs, trotz, abseits, teils, angst, bange, teils, Pleite, letzten Endes, Schuld, zeit, gram, bisschen, seit längerem (auch: Längerem), Angst, rechtens, über kurz oder lang, Schuld, fern, leid, paar, dank*

Seite 56

3 *Heute Morgen; in der Nacht; gegen Morgen; am Abend; an jedem anderen Dienstagabend; am nächsten Morgen; in der Nacht; werktags; immer; vorher; jede Woche; heute Abend; in den frühen Mittwochmorgen; kommenden Dienstag; am Nachmittag; eines Abends; gestern Nacht; tagsüber; nachts; eines Dienstags; nächtliche*

Seite 57

1 *fällig werden, Rad fahren, blass werden, Not leiden, ernst nehmen, Ski laufen, Schlange stehen, rot werden, Klavier spielen, Rat suchen*

3 *Beispiele:*

***1. maßregeln**:*
Ich werde dich nicht maßregeln.
Sie maßregelte ihn.
Man hat uns gemaßregelt.

***2. bergsteigen**:*
Im Urlaub wollen wir bergsteigen.
Sie stiegen auf einen Berg.
Er ist auf einen Berg gestiegen.

***3. schlussfolgern**:*
Was können wir daraus schlussfolgern?
Er schlussfolgerte kurzerhand.
Sie hat geschlussfolgert.

***4. vollbringen**:*
Sie muss das Werk vollbringen.
Wir vollbrachten es.
Sie hat es vollbracht.

***5. langweilen**:*
Ich möchte mich nicht langweilen.
Er langweilte sich.
Hast du dich gelangweilt?

***6. notlanden**:*
Der Pilot muss in der Wüste notlanden.
Der Pilot landete in Not in der Wüste.
Wir sind notgelandet.

Seite 58

4 *irgendjemanden; vorwiegend; Inwiefern; denjenigen; Neuerdings; jederzeit; zweifelsohne; sobald; solange; demzufolge; sodass; Irgendwer; zudem; infolge; somit; sofern; außerdem; anhand*

Seite 59

1 ***Zwei oder mehr verschiedene Konsonanten**:*
hingen, dunkle, Wolken, landwärts, und (7 x), Horizont, bildete, sich, lichter, silbergrau, Strand (2 x), ich (13 x), klang, Wort, gelernt, kalt, roch, salzige, Luft, nicht (3 x), sicher, wirklich, Muscheln, Sand, horchte, schaltete, richtig, doch, mich, ist
***Konsonantenverdopplung**:*
Wasser, Ebbe (2 x), kennen, hatte, wusste, gekommen, soll, erinnerte, alles, verworren
***Sonderformen ck/tz**:*
plötzlich (2 x), trotzdem, Schrecken

Nicht einordnen lassen sich: das (4 x), es (3 x), ob, im, bin (2 x), was, an

2 Ich blickte noch einmal auf das Meer. Diesmal stand ich dicht vor den Wellen und es war dämmrig. Irgendjemand rief mir etwas ins Ohr. Es war wichtig; ich glaube, ich hätte darauf antworten müssen. (Der alte Mann erkundigte sich, wer es denn gewesen sei und was er mir zugerufen habe, aber ich weiß nicht mehr, wirklich nicht. Vielleicht war ich es selbst. Ach nein, ich habe ja nicht einmal verstanden!) Dann begann es zu sausen und zu brausen; die See wurde wild und die Welt drehte sich wie wahnsinnig um mich herum. Ich bekam Angst, dass ich ertrinken könnte. Ich wandte mich um und lief davon.

lange Vokale sind unterstrichen ____________ ,
kurze Vokale grau unterlegt

Seite 60

1 ***in der Reihenfolge des Fremdwörterlexikonartikels**:*
Stichwort, Aussprache, Herkunft, Genus, Deklination, Bedeutungen

2 **Limerick** *der*, - [s], -s <*engl.*; nach der gleichnamigen irischen Stadt>: 1. nach festliegendem Reimschema verfasstes fünfzeiliges Gedicht von ironischem od. grotesk-komischem Inhalt. 2. in der Mode des 17. Jahrhunderts Handschuh aus dem Fell ungeborener Kälber.

Skonto *der* od. *das*; -s, -s (auch: ...ti): prozentualer Abschlag vom Preis einer Ware od. Dienstleistung beim Barkauf; Barzahlungsrabatt

Mandala *das*; -s, -s ‹*sanskrit*› 1. mystisches Kreis- od. Vieleckbild in den indischen Religionen, ein Hilfsmittel zur Meditation. 2. (Psychologie) Traumbild oder von Patienten angefertigte bildliche Darstellung als Symbol der Selbstfindung (nach C.G. Jung)

Sofa *das*; -s, -s ‹*arab.-türk.* (*-fr.*); „Ruhebank"›: gepolstertes Sitzmöbel für mehrere Personen

Interview ['ɪntevju:, auch: ...'vju:] *das*; -s, -s ‹*lat.-fr.-engl.*›: 1. von einem Berichterstatter von Presse, Rundfunk od. Fernsehen vorgenommene Befragung einer meist bekannten Persönlichkeit zu bestimmten Themen od. zur eigenen Person. 2. a) (Soziologie) gezielte Befragung beliebiger od. ausgewählter Personen zu statistischen Zwecken; b) (Medizin; Psychologie) ↑methodische (2) Befragung eines Patienten zur Aufnahme einer ↑Anamnese u. zur Diagnose

Mesalliance [meza'liã:s] *die*; -, -n [...sn̩] ‹*fr.*›: 1. nicht standesgemäße Ehe; Ehe zwischen Partnern ungleicher sozialer Herkunft. 2. unglückliche, unebenbürtige Verbindung od. Freundschaft

Tee *der*; -s, -s ‹*chin.*›: 1. auf verschiedene Art aufbereitete Blätter u. Knospen des asiatischen Teestrauchs. 2. aus den Blättern des Teestrauchs bereitetes Getränk. 3. Absud aus getrockneten [Heil]kräutern. 4. gesellige Zusammenkunft [am Nachmittag], bei der Tee gereicht wird

Seite 61

1 *Morgens (▷ S. 56), seit längerem (auch: Längerem) (▷ S. 55), langes Schweigen (▷ S. 54), Das Entsetzen (▷ S. 54), das Schlimmste (▷ S. 54), inmitten (▷ S. 58), Nachkriegszeit (▷ S. 59), zuliebe (▷ S. 59), Blamage (▷ S. 60), Ein bisschen (▷ S. 55), Mit Blick auf (▷ S. 54), klar (▷ S. 59), über kurz oder lang (▷ S. 55), verlassen (▷ S. 59), Samstag (▷ S. 56), schuld (▷ S. 55), sitzen lasse (▷ S. 57), Angst (▷ S. 55), Schwiegersohn (▷ S. 59), freundlich begegnen (▷ S. 57), stattdessen (▷ S. 59), an das Ende (▷ S. 54), Schweigens müde werden (▷ S. 54/57), irgendwann (▷ S. 58), ließ (▷ S. 59), diskutieren (▷ S. 59)*

Seite 63

1 *a) Themen: Hunderttausend Flutopfer warten auf Rettung, Kreislauf des Wahnsinns – BSE, Benzinpreise in Deutschland explodieren*

2 *a) Ressorts: Politik, Kultur/Feuilleton, Wirtschaft, Sport, Wissen, Immobilien Kauf- und Mietmarkt*

b)

- *Politik*
  - *Hunderttausend Flutopfer warten auf Rettung*
  - *Edmund Stoiber hadert mit der Rolle in der zweiten Reihe*
  - *Die Wucht der Solidarnosc*
  - *Ausländerpolitik: Der Stimmungswandel*
  - *Union und FDP setzen auf Koalition*
- *Feuilleton*
  - *Eltern gegen Kinderlose*
- *Wirtschaft*
  - *Stoiber will Autofahrern Geld zurückgeben*
  - *Dax legt leicht zu*
  - *Post peilt Milliardenübernahme an*
- *Sport*
  - *Feen der Rennbahn/ Galopprennen*
- *Wissen*
  - *Kreislauf des Wahnsinns*
  - *Europäischer Bioschnüffler*

3 *b)*

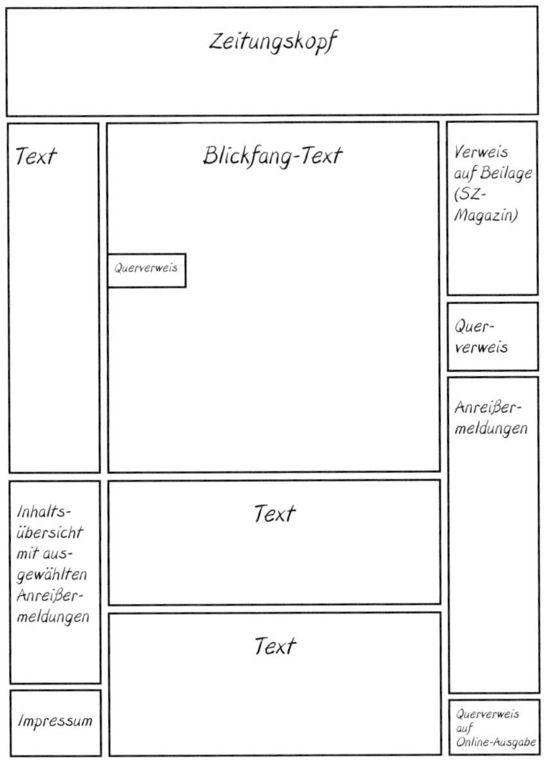

Seite 65

4 *b) In dem Zeitungsbericht geht es um die Zustände in New Orleans nach der Überschwemmung, die Rettungsaktionen und die Kritik am Krisenmanagement der amerikanischen Regierung.*

5 a) *Folgende Wörter solltest du markiert haben:*

verheerenden Überschwemmungen, Golfküste, größte Rettungsaktion, Evakuierung, 100 000 Menschen, Gewalttätern behindert, Zahl der Toten in die Tausende, Wiederaufbau, Jahre dauern, zu spät ... reagiert, Lage ... außer Kontrolle, Gesundheitsnotstand, Ausbruch von Seuchen, zwei Monate nicht bewohnbar, Trinkwasser, Lebensmittel knapp, Gewalt, Plünderer, Sicherheitskräfte attackiert, Kriegsrecht, 11 000 Nationalgardisten, 7 200 Soldaten, Rote Kreuz, 70 000 Freiwillige, aus der Luft, versorgen, Krisensitzung des Kabinetts, Krisenstab, zehn Milliarden Dollar, Soforthilfe, Senator, kritisierte Bush, Flutgeschädigte kritisierten, Krisenmanagement, Katastrophenschutz, Irakkrieges, Terrorabwehr, vernachlässigt, Spendenaktionen, Japan, Sturm, Taifun „Nabi", Südchina, fast 600 000 Menschen, Wirbelsturm „Talim", Sicherheit

b) *Folgende Überschriften könntest du formuliert haben:*

1. Absatz: Die Lage in der Stadt
2. Absatz: Gewaltausbrüche und Plünderungen
3. Absatz: Die Rettungskräfte
4. Absatz: Maßnahmen der Regierung
5. Absatz: Demokrat kritisiert Präsident Bush
6. Absatz: Vorwürfe an die Regierung
7. Absatz: Sturm in Japan

6 a) *Schlagzeile: Wer? 100 000 Flutopfer*
Untertitel: Wo? New Orleans
Vorspann, Z. 1: Was? Überschwemmungen
Z. 11: Wie? Hurrikan
Z. 13–28: Welche Folgen? Tote, Evakuierung, Plünderung, Kriegsrecht

b) *Die ersten vier Textabschnitte (Z. 1–37) benennen die wichtigsten Tatsachen.*

c) *Der Bericht folgt dem Lead-Stil. Er hat eine Dachzeile, eine Informationsschlagzeile und einen Untertitel mit wichtigen Ergänzungen. Der Vorspanntext fasst das Wesentliche in fünf Sätzen zusammen, danach folgen die Informationen, die weniger wichtig sind.*

7 *Folgende Zeilen könnten gestrichen werden:*
Z. 44–47, Z. 48–61, Z. 62–66

Seite 66

9 ***Sachliche Informationen:*** *in dem hunderte Quadratkilometer großen Katastrophengebiet funktioniert kein Telefon, kaum einer hat Strom, tausende ... versuchen, über Internet und Lokalradio ein Lebenszeichen ... zu bekommen, Louisiana, Lokalrundfunk, nach Informationen suchen, Radiosender und Zeitungen, Webseiten für die Suche, Internetseite der BBC*

Persönliche Wertungen: *dem Tod entronnen, Horrorkapitel, nicht enden wollenden Albtraum, händeringend, kleben am Fernsehschirm*

10 *Als Quellen werden Radiosender, Internetforen, der Lokalrundfunk von Louisiana, das Fernsehen, die Seite des Senders 4wwl und die Internetseite der BBC genannt. Die Informationen sind also den Medien entnommen.*

11

	Die verzweifelte Suche nach Angehörigen	***Hunderttausend Flutopfer warten auf Rettung***
Aufbau	*kurze Zusammenfassung, wesentliche Informationen, Zwischenüberschrift, danach Schilderung von Einzelfällen; insgesamt weniger klar strukturiert*	*folgt streng dem Lead-Stil*
Inhalt	*Schilderung, auf welche Weise die Menschen nach vermissten Angehörigen suchen (Lokalradio, Internet), indirekte und wörtliche Rede einzelner Betroffener*	*sachliche Informationen über die Folgen der Überschwemmungen, die Rettungsaktionen, Hintergründe und Reaktionen der Politik*
sprachliche Mittel	*ausdrucksstarke Verben, Nomen und Adjektive: „fleht", „beschwört", „kleben", „klammern", „Albtraum", „Verzweifelte", „Hoffnungsschimmer", „knapper", „unzählige", „dringend", „verwüstet", „händeringend" informelle Sprache: „Horrorkapitel", „ihre Lieben" rhetorische Fragen Sätze: kurz, Satzbau: einfach, Tempus: vorwiegend Präsens – das Geschehen wirkt unmittelbarer, spannender*	*wenig Adjektive, sehr häufig indirekte Rede, längere Sätze, komplizierterer Satzbau, Tempus: überwiegend Präteritum = das Geschehen wird mit Distanz betrachtet und dem Leser/der Leserin vermittelt*

Seite 67

12 a) ***Fakten:*** *Englische Wörter durchsetzen die deutsche Sprache. (Z. 1)*
Manchmal werden die englischen Ausdrücke falsch verwendet, [...] (Z. 5–6)
Neu allerdings ist ... so konnte man in Süddeutscher und FAZ lesen, [...] (Z. 7–11)

b) ***persönliche Meinung**: wie Parasiten, Kaum ein Werbespruch ... mit Freiheit verwechseln soll. [...], oft sind sie lächerlich, fast immer unschön. Das ist natürlich Unfug: In jeder Sprache lässt sich sagen, was ihre Sprecher sagen möchten.*

c) + d)
***Satzbau**:*
Kaum ein Werbespruch ..., kaum ein Geschäftstreffen = Parallelismus
Manchmal werden ..., oft ..., fast immer ... = Klimax
***Wortwahl**:*
Slogan, Claim, Meeting, Future, Results, Freedom = Fremdwörter
***Lautmalerische Mittel**:*
Future, Freedom, Freiheit = Alliteration
Neu allerdings [...] nicht, und neu [...] auch nicht [...].
Neu in der Debatte ist nur [...] = Anapher und Alliteration
***Sprachliche Bilder**:*
wie Parasiten = Vergleich
ein schwerfälliges Ungetüm = Metapher

Seite 68

13 a) *15. Jahr ihres Bestehens, bald vierzig, Smudo Bad in der Menge, 10 000 Zuschauer, ausverkauftes Olympiastadion, Auftakt zur Deutschlandtour, aktuelles Album „Viel", Begleitung durch Band, in Weiß gekleidet, ohne Bühneneffekte, zwei Stunden lang*

14 a) *Der Kritiker fand das Konzert eher ansprechend, wie aus seiner Wortwahl ersichtlich ist: „triumphaler Auftakt", „rhythmisch starke Band", „mitreißendes", „Wortsport vom Feinsten", „gegen den [...] ganz schön alt aussehen".*

b) ***Fantastischen Vier ... vierzig** (Z. 1): Alliteration, verstärkt die Aussage (wirken noch älter)*
***bekommen ... beim Baden ... beobachtet** (Z. 3–4): Alliteration, wirkt anschaulich*
***wälzt ... plumpst** (Z. 5–6): Lautmalerei, verstärkt den Eindruck der Behäbigkeit*
***behäbigste** (Z. 6): Hyperbel, verstärkend*
***Stagedive** (Z. 6): Fremdwort, zeigt, dass der Berichterstatter sich auskennt*
***der behäbigste Stagedive des Jahres** (Z. 6–7): Ellipse, die Aussage wirkt unanfechtbar*
***Hip-Hop-Opi** (Z. 8): Paradoxon, lockert den Text auf, wirkt belustigend*
***ein triumphaler Auftakt zur Deutschlandtour ...** (Z. 9): Ellipse, die Aussage wirkt unanfechtbar*
***Begleitung ... Band ... Bühneneffekte** (Z. 11–12): Alliteration, das Geschehen wird anschaulicher*
***Reimeschütteln** (Z. 13): Neologismus, wirkt modern und locker*
***Sätzefeilen** (Z. 14): Metapher, macht das Beschriebene anschaulich*
***Dauerhopsen** (Z. 14): Hyperbel, wirkt lustig*
***Reimeschütteln, Lautmalen, Sätzefeilen und Dauerhopsen** (Z. 13–14): Akkumulation, beschreibt die Hektik und Spannung auf der Bühne*
***Wortsport** (Z. 14): Oxymoron, soll die Dynamik der Hip-Hopper zeigen*
***Wortsport vom Feinsten** (Z. 14): Ellipse, verstärkt die positive Aussage*
***Epigonen** (Z. 15): Fremdwort, zeigt die Bildung des Verfassers*
***schwäbischen Genre-Pioniere** (Z. 15): Hyperbel, stellt die Band als etwas Besonderes heraus*
***ganz schön alt aussehen** (Z. 15–16): Metapher, die Fantastischen Vier sind zwar schon älter, aber um Klassen besser als ihre jungen Nachahmer*

Seite 69

15 a)

LEITARTIKEL	Blickfang-Text
ABONNEMENT	Dauerbezug von Zeitungen
AUFMACHER	Anziehungspunkt auf der ersten Seite
RECHERCHE	Nachforschung
REPORTAGE	anschaulicher Bericht über ein aktuelles Ereignis
SPARTE	thematischer Bereich einer Zeitung
IMPRESSUM	Informationen zu Herausgebern, Redaktion u. Ä.
FEUILLETON	Kulturteil der Zeitung
KOMMENTAR	Meinungsäußerung eines Redakteurs
LESERBRIEF	Meinungsäußerung eines Lesers
ONLINE	elektronisches Gegenstück zum Printmedium
JOURNALIST	Verfasser von Zeitungsartikeln
URL	Internetadresse (einer Zeitung)
PRESSEAGENTUR	Vermittler von Nachrichten
GLOSSE	spöttisch-kritischer Artikel
NAVIGATIONSLEISTE	Inhaltsverzeichnis der Online-Zeitung
FORTSETZUNGSROMAN	täglich ein Stück Literatur
REPORTER	Er sucht immer Sensationen.
KÄSEBLATT	Spottname für kleine Zeitung
KARIKATUR	kritisch-spöttische Zeichnung
SCHLAGZEILE	das Wichtigste in Kurzform
HOMEPAGE	erste Seite einer Website
LEAD-STIL	Aufbauprinzip einer Meldung
LAYOUT	optische Gestaltung der Zeitung

b) *Lösungsbegriff:* ***Recht auf Meinungsfreiheit***

Seite 71

17

Layout-Merkmale		
Printmedium: Süddeutsche Zeitung, S.62	***Website: Süddeutsche Zeitung, S.70***	***Website: Frankfurter Rundschau, S.70***
Zeitungskopf über ganze Breite		*links oben kleiner: Kopf: FR online*
Blickfang-Text (Leitartikel)	*Topthema = Blickfang-Text mit Foto, aber nicht vollständig*	*kein Blickfang-Text, drei Texte*
Artikel vollständig	*Artikel angerissen, Link zum vollständigen Text*	*Artikel angerissen, Link zum vollständigen Text*
Querverweise auf Innenteil	*Links zum Anklicken*	*Links zum Anklicken*
Anreißerartikel rechts	*Anreißerartikel über dem Blickfang-Text*	*keine Anreißerartikel*
Inhaltsübersicht links unten	*Übersicht über die Ressorts in der Navigationsleiste am linken Rand* *Impressum-Link rechts oben*	*linker Rand: Navigationsleiste zum Anklicken, darunter Übersicht über die Ressorts* *Impressum-Link links unten*
Telefon-Nr. links unten	*Kontakt-Button zum Anklicken*	*Kontakt-Button zum Anklicken*
		„Letzte Meldungen“ = aktuelle Meldungen zum Anklicken

b) ***Gemeinsamkeiten****: Sowohl Zeitung als auch Website arbeiten mit Fotos, geben Inhaltsübersichten und sind nach Ressorts gegliedert. Darüber hinaus erhält der Leser Informationen darüber, wie er mit der Redaktion Kontakt aufnehmen kann, und Querverweise (bzw. Links) auf weitere Artikel.*
Unterschiede*: Der Zeitungskopf ist bei der Printausgabe der Süddeutschen Zeitung sehr auffällig, während die entsprechende Website überhaupt keinen Kopf hat und der Kopf der Frankfurter Rundschau online nicht sehr auffällig ist. In der Printausgabe sind die Artikel in voller Länge abgedruckt; wenn man die Artikel der Websites in voller Länge lesen möchte, muss man auf die Links klicken. Bei der Frankfurter Rundschau online werden die Meldungen unter dem Link „Letzte Meldungen“ ständig aktualisiert.*

18 *a) Die Navigationsleiste dient dazu, dass sich der Leser auf der Website zurechtfindet. Sie ist eine Art Inhaltsverzeichnis, eine Sammlung systematisch geordneter Links. Wenn man auf eine der Überschriften in der Navigationsleiste klickt, öffnet sich ein Unterverzeichnis, aus dem man wiederum auswählen kann. Die Navigationsleiste bleibt immer sichtbar, während der Text eines Artikels im Hauptfenster erscheint. So behält der Leser den Überblick.*

Seite 75

1 *In dem Text geht es um Menschen, die auf verschiedene Weise die Erde umrundet haben.*

2
- ☒ *Foto(s)*
- ☒ *Überschrift(en)*
- ☐ *Tabelle(n)*
- ☐ *Hervorhebung(en) im Text*
- ☐ *Zwischenüberschrift(en)*
- ☒ *Abschnitt(e)*
- ☒ *Infografik(en)*
- ☒ *Bildunterschrift(en)*

4 *c) Zeile 1–29: Karl Bushby: zu Fuß rund um die Erde*
Zeile 29–Schluss: Weltumrundungen und Rekordversuche

5
Wo? *Zurzeit an der Westküste Alaskas.*
Wann? *Seit sieben Jahren, jetzt: 27. März 2005.*
Wer? *Der Engländer Karl Bushby.*
Wie? *Zu Fuß.*
Warum? *Bushby hat das Ziel, zu Fuß die Erde zu umrunden.*
Welche Folgen? *Manchmal mühsam: Er muss bis zum nächsten Herbst warten, wenn die See wieder zufriert. Er wird frühestens im Jahr 2009 wieder zu Hause sein.*

Seite 76

6
a) Die Routen der Weltreisenden
b) Die Legende weist jeder Route eine Farbe zu und umfasst den Zeitraum von 1519 bis 2005.

7 *b) + c)*

Reisende/r	**Beginn/ Jahr**	**Start- und Zielort**	**Transport-mittel**	**Besonderheit**	**Dauer der Reise**	**Sonstige Informationen**
Magellan/ Elcano	*20.09.1519*	*Sanlúcar de Barrameda/ Span. – Gewürzinseln/ Südostasien*	*Segelschiff*	*entgegen der bekannten Route gesegelt, übers Ziel hinaus die Welt umrundet*	*3 Jahre*	*Beweis, dass die Erde rund ist*
Joshua Slocum	*1895*		*Segelboot*	*erste Alleinumseglung*	*3 Jahre*	*Amerikaner*
Ellen MacArthur	*Dez. 2004*	*Westküste der Bretagne*	*Hightech-Segelboot*	*erst 28 Jahre alt, noch kein Mensch konnte die Welt allein schneller umsegeln*	*2,5 Monate (71 Tage, 14 Std., 18 Min. 33 Sek.)*	*Britin, mehr als 50 000 km*
Hugo Eckener	*1929*		*Zeppelin*	*erstes Luftfahrzeug*		*Deutscher*
	1931		*Motorflugzeug*			
	1949		*Boeing B-50A*	*Luftbetankung, ohne Zwischenstopp*		*„Lucky Lady"*
Steve Fossett	*28.02.2005*	*Kansas/USA*	*Spezialflugzeug*	*erster Alleinflug über 37 000 km, ohne Zwischenlandung u. Luftbetankung*	*67 Stunden, 2 Minuten*	*60-Jähriger, „Global Flyer", ohne Toilette/ feste Nahrung*
Karl Bushby	*1998*	*Patagonien/ Chile – England*	*zu Fuß*	*durchquerte bisher sechs Wüsten, sieben Gebirge u. 25 Länder*	*ca. 11 Jahre*	*36-Jähriger, Reise dauert noch an*
	1872	*England – England*	*Forschungsschiff „Challenger"*	*Auswertung der Beobachtungen der Mannschaft dauerte fast 20 Jahre*	*4 Jahre*	*britisches Schiff, untersuchte fast jeden Winkel des Planeten*
	1998		*Schiff „Adventurer"*	*kommt mit wenig Treibstoff aus*	*75 Tage*	*35 m lang, Platz für 16 Menschen, hat bei Fahrt 15 Häfen besucht*
Peter Smolka	*2000*	*Erlangen – Erlangen*	*Fahrrad*		*4 Jahre*	*71 000 km auf dem Rad*
Bertrand Piccard/ Brian Jones	*1999*		*Ballon*	*erste Weltumrundung nur mit Wind, ohne Zwischenlandung*		
Amelia Earhart	*1937*	*Westküste der USA*	*Flugzeug*			*über dem Pazifik verschollen*

7 d) *Welche abgeschlossene Reise ist die jüngste? Die jüngste abgeschlossene Reise ist diejenige von Steve Fossett.*

Wurden alle Weltumrundungen mit Erfolg abgeschlossen? Nein, Karl Bushby ist noch unterwegs, und Amelia Earhart ist mit ihrem Flugzeug 1937 über dem Pazifik verschollen.

Welche Weltumrundung war die schnellste? Steve Fossett hat im Jahr 2005 mit der „Global Flyer" nur 67 Stunden und 2 Minuten gebraucht.

8

	richtig	falsch
Der Text fasst die Informationen aus der Infografik zusammen.	☐	☒
Der Text enthält zusätzliche Informationen.	☒	☐
Der Text passt nicht zur Infografik.	☐	☒
Die Infografik gibt Auskunft über Zeitpunkt oder Dauer der dort gezeigten Weltumrundungen.	☒	☐

9 *Er will unterhalten und Wissen vermitteln.*

Seite 77

1 *So könnte deine Beschreibung aussehen:*

Der Prinz wird hoch zu Ross als Feldherr dargestellt. Das Tier strahlt Kraft und Energie aus, es macht den Fürsten unnahbar und stellt ihn über seine Umgebung. Der Blick des Fürsten geht in die Weite, als ob er auf seinen Besitz, auf eine Schlacht oder – in übertragenem Sinne – in die Zukunft blicken würde. Das aufsteigende, zum Losritt bereite Pferd spiegelt seinen Tatendrang und seine Bereitschaft zum Handeln wider. Die prächtige Kleidung weist ihn als hohen Adeligen aus. Das kostbare Zaumzeug weist auf die Größe und Macht des Reiters hin. Insgesamt handelt es sich um eine pompöse Inszenierung der eigenen Würde und Macht.

2 b) *Wo Klug=Seyn, Fromm= und Mildigkeit in ei=nem Staat das Zepter füh=ren:*
(übertragen ins Neuhochdeutsche: „Wo Klugheit, Frömmigkeit und Milde in einem Staat regieren.")

c) *Figuren: Zepter, Kreuz und Schwert. Aussageabsicht: Der Fürst ist von Gott eingesetzt, hat aber auch Pflichten, muss klug und mild regieren und fromm sein.*

3 *So könnte deine Zusammenfassung aussehen:*

a) *Wo Klugheit, Frömmigkeit und Milde in einem Staat regieren, handelt der Fürst zu Gottes und der Menschen Zufriedenheit und wird sich Wohlstand einstellen. Sigmund von Birken fordert damit den Fürsten auf, seiner ihm von Gott gegebenen Aufgabe nachzukommen und sich um das Wohl seiner Untertanen zu kümmern. Klugheit, Frömmigkeit und Milde sind der Schlüssel dazu.*

b) *(Übertriebenes) Machtstreben wird abgelehnt.*

Seite 78

4 a) *Die Inscriptio fordert den Leser auf, das Bild genauer zu betrachten und seine Lehre daraus zu ziehen, nämlich fromm zu werden. Sie macht damit neugierig auf den Bildinhalt, der sich zunächst als rätselhaft darstellt. Die Beziehung zwischen Inscriptio und Pictura ist also nicht eindeutig, sondern muss erschlossen werden.*
Die Pictura stellt im Hintergrund Situationen des menschlichen Lebens dar. Davor überlagert alles das Skelett; die Todesverfallenheit des Menschen prägt also das ganze Leben.
Die Subscriptio löst die rätselhafte Beziehung zwischen Inscriptio und Pictura auf. Der Mensch soll sich bewusst sein, dass auch er bald ein Skelett – also tot – sein wird. Deshalb soll er fromm leben, um am Ende ins Paradies zu gelangen.

b) *Die Szenen des menschlichen Lebens sollen zeigen, dass der Mensch ein Alltagsleben hier auf der Erde hat und seine Tage nutzen soll. Die Kirche ist Teil dieses Lebens, mahnt aber auch dazu, Gottes Gebote zu achten. Das Skelett ist ein Zeichen des Todes, der Vergänglichkeit. Die Hand aus den Wolken bedeutet, dass das Schicksal des Menschen und auch sein Tod in Gottes Hand liegen.*

c) *In dem Emblem wird folgendes Menschenbild entworfen: Der Mensch lebt nur kurz auf dieser Erde, daher sollte er sich in erster Linie um sein Seelenheil kümmern, nicht um weltliche Güter wie Reichtum oder Ehre. Der Mensch ist aber auch gut aufgehoben, da er von Gott gehalten wird. Der Tod ist unausweichlich, und der Mensch muss sich in sein Schicksal ergeben und sich auf Gott verlassen.*

5 b) ***schnöde**: schäbig; **Spital**: Krankenhaus; **Alabaster**: gipsartiger Stein, oft für Gräber oder Statuen verwendet; **Abgott**: falscher Gott, der die Menschen verleitet; **Zirkel dieser Welt**: Grenzen dieser Welt, alles, was die Welt umfasst; **Prangen**: prächtiges Erscheinen*

c) *Das Menschenleben ist kurz, deshalb soll sich der Mensch mehr um den Einzug ins Paradies als um die Freuden in seinem irdischen Leben (vor dem Tod) kümmern. Andererseits braucht sich der Mensch nicht vor dem Tod zu fürchten, da dieser nur eine Station auf dem Weg zum Lebensziel ist, das darin besteht, das ewige Leben zu erlangen.*

d) *Die Lösung ist abhängig von deiner Fantasie. Eine Möglichkeit besteht darin, die Gedichtzeile „Was ist die Welt und ihr berühmtes Glänzen?" als **Inscriptio** zu verwenden. Die **Pictura** könnte zum Beispiel ein Feld darstellen, das (zur Hälfte) voller Disteln ist und gerade abbrennt (vgl. Vers 4: „Blitz") oder auf dem sich die Menschen umsonst mühen (vgl. Vers 5: „Kummerdisteln"). Ebenso könnte ein „Spital" (Vers 6), in dem ein Skelett als Sinnbild des Todes umgeht, Gegenstand der Pictura sein. Die **Subscriptio** könnte den Inhalt der Verse 11 bis 16 wiedergeben – der Mensch soll sich nicht auf das schnell vergängliche Leben auf dieser Welt einlassen, sondern um seine Seele besorgt sein und so leben, dass diese nach dem Tod ins Paradies (vgl. „Port", Vers 15) kommt.*

Seite 79

1 b) *Nachgetrauert wird den Stunden der aufblühenden Liebe zwischen dem lyrischen Ich und einer nicht weiter bezeichneten Dame. Empfunden und erlebt hat es dabei eine süße Zeit, Freude und Liebe.*

2 *Der Sprecher zieht die Lehre, dass alles Süße und Schöne vergänglich ist und dass bei allen schönen Empfindungen daher die Angst vor deren Ende gleich mitempfunden wird.*
Das Gedicht weist damit auf die typisch barocke Lebenseinstellung hin, die in aller Freude stets das Leid und in allem Leid stets die Hoffnung sieht.

3 b) *Geliebte am Strand, Zeichen im Sand, weggespült, Geliebter geht auf Sprecherin zu, Welle spült Fußspuren fort.*

c) *Der Schmerz der Sprecherin könnte der Schmerz über die Vergänglichkeit des menschlichen Lebens und vielleicht auch der Liebe sein.*

4 *a) + b)*

Hoffmannswaldau	***Kaschnitz***
süßen zeit	
lieblichkeit	*versunken*
verraucht	
lust vergänglich sey	*ewigen Vergänglichkeit*
freude	
leide	*zerfiel*
wein'	*lachend*
lieb und sonnenschein	
angst	*Schmerz*
wolcken	*löschte*

c) *Beide Gedichte haben dasselbe Thema: In allen Freuden des Lebens schwingt Todesahnung mit.*

Seite 80

1 *b)*
***Strophe 1**: Der Frühling zieht ein, die Sonne scheint nun häufiger, der Westwind weht. Gleichzeitig: Bild vom Siegeszug Gottes durch die Welt.*
***Strophe 2**: Die Vögel kehren zurück und singen, im Schnabel haben sie frische Zweige und Blätter, die Blumen beginnen zu blühen.*
Gleichzeitig: Gott sitzt auf dem blauen Himmelsthron und lässt sich preisen.
***Strophe 3**: Gottes Krone ist sein Sieg (über den Tod) und die Freude darüber. Alle Wesen der Welt, alles im Frühjahr neu Gewachsene lobt Gott dafür.*
***Strophe 4**: Der Winter ist besiegt (Gefangener). Gleichzeitig: Eis und Schnee stehen für das Böse, den Tod, den Teufel. Das „schlechte Blatt", das Gedicht soll Zeichen für den Sieg Gottes über das Böse sein.*

Seite 81

2

Metaphern	***Personifikationen***	***Bedeutung***
Sieg=Gepräng des Höchsten (Vers 1)		*Triumphzug Gottes*
	Frühling trägt Sonnenfahne (V. 2)	*sonnige Frühlingstage werden häufiger*
	Favonius ... rührt und schlägt (V. 3)	*Geräusch des Westwindes*
	Trompeter (V. 4)	*Winde als Boten des Frühlings*
singend Lufft=Heer (V. 5)		*die Vögel*
bundte Blumen= Kleid (V. 7)		*die Blumen und Pflanzen*
	die Erd' ihm unterlegt (V. 7)	*die Erde breitet vor Gott ihre Blütenpracht aus*
Thron von blauen Saphir= Steinen (V. 8)		*der Himmel*
Wesen Werk (V. 10)		*alle Dinge der Welt*
Athem aller Ding (V. 11)		*alle Lebewesen der Welt*
	Nordwind / Eyß und Schnee / hier die Leibeignen seyn (V. 13)	*Nordwind, Eis und Schnee sind gefangen, werden vom Frühling besiegt: Gott besiegt das Kalte, Böse, den Teufel*
Blat (V. 14)		*Gedicht*
Denkmal=Stein (V. 14)		*das Gedicht soll den Sieg Gottes feiern*

3 *Das Gedicht beschreibt eine begeisterte, hoffnungsvolle, überschwängliche Stimmung. Mensch und Tier erwachen zu neuem Leben, singen und jubeln, der Winter ist vergessen.*

4 a) *Der Frühlingseinzug ist als Siegeszug Gottes zu deuten. Die Sonne, der Westwind, die Vögel und die Blumen sind Bestandteil eines Festzuges, als dessen Höhepunkt Gott erscheint. Wenn er auf die Erde kommt, wird er die Menschen ins Paradies führen.*

b) *Die Dichterin bezeichnet ihr Gedicht als „schlecht" und zeigt damit Bescheidenheit, gleichzeitig erhebt sie jedoch den Anspruch, dass ihr Gedicht ein Denkmal für den Sieg Gottes sein soll. Die Literatur hat für die Dichterin vor allem die Aufgabe, Gott zu preisen und auf seine Erlösungstat hinzuweisen. Außerdem soll sie die Menschen zum rechten Glauben anleiten.*

Seite 82

7 *In diesem Gedicht geht es um die Rückkehr des Frühlings nach dem Winter.*

8 *a) Metaphern:* ______________
Personifikationen: _ _ _ _ _ _ _ _ _ _ _

Erich Kästner
Der Mai

Im Galarock des heiteren Verschwenders,
ein Blumenzepter in der schmalen Hand,
fährt nun der Mai, der Mozart des Kalenders,
aus seiner Kutsche grüßend, übers Land.

Es überblüht sich, er braucht nur zu winken.
Er winkt! Und rollt durch einen Farbenhain.
Blaumeisen flattern ihm voraus und Finken.
Und Pfauenaugen flügeln hinterdrein.

Die Apfelbäume hinterm Zaun erröten.
Die Birken machen einen grünen Knicks.
Die Drosseln spielen, auf ganz kleinen Flöten,
das Scherzo aus der Symphonie des Glücks.

Die Kutsche rollt durch atmende Pastelle.
Wir ziehn den Hut. Die Kutsche rollt vorbei.
Die Zeit versinkt in einer Fliederwelle.
O, gäb es doch ein Jahr aus lauter Mai!

Melancholie und Freude sind wohl Schwestern.
Und aus den Zweigen fällt verblühter Schnee.
Mit jedem Pulsschlag wird aus Heute Gestern.
Auch Glück kann weh tun. Auch der Mai tut weh.

Er nickt uns zu und ruft: „Ich komm ja wieder!"
Aus Himmelblau wird langsam Abendgold.
Er grüßt die Hügel, und er winkt dem Flieder.
Er lächelt. Lächelt. Und die Kutsche rollt.

b)

Strophe 1

sprachliches Bild	**Bedeutung**
Galarock	*in schönster Pracht*
Verschwenders	*alles blüht und grünt*
Blumenzepter	*Blütenpracht ist überall zu sehen, „regiert die Welt"*
schmale Hand	*königlich, edel*
Mai fährt durchs Land	*Mai hat begonnen*
Mozart des Kalenders	*bester Monat des Jahres*
Kutsche	*Bild für die dahinrollende Zeit*

Strophe 6

sprachliches Bild	**Bedeutung**
Mai nickt den Menschen zu, lächelt, winkt und grüßt.	*vermittelt Lebensfreude, kündigt Sommer an, vertreibt den Winter*
Aus Himmelblau wird Abendgold	*Mai geht zu Ende*
Kutsche rollt	*Zeit lässt sich nicht aufhalten, Mai kommt zwar wieder, bleibt immer jung, Mensch aber wird älter*

9 *Die Melancholie ist die Schwermut, die tiefe Nachdenklichkeit und das Grüblerische; sie ist die Schwester der Freude, da der Mensch den Frühlingseinzug zwar genießt, durch ihn aber auch an die Kürze des Lebens erinnert wird. Das Gedicht drückt die Freude über das Erwachen des Lebens im Frühjahr aus. Das lyrische Ich ist sich aber auch im Klaren, dass mit jedem Frühlingseinzug seine eigene Lebenszeit kürzer wird und es selbst auf das Abendgold und den Winter seines Lebens zugeht.*

Seite 84

2 *a) die Milliardärin Claire Zachanassian, ihr Butler Boby (ehemals Oberrichter Hofer), der Bürgermeister von Güllen, Ill, der Lehrer, Frau Ill, Bürger von Güllen*

b) In dieser Szene wird der Konflikt zwischen Geldgier und Menschlichkeit entwickelt. Claire führt die Güllener in Versuchung, für viel Geld einen Mord zu begehen.

3 *Beginn der Szene:*

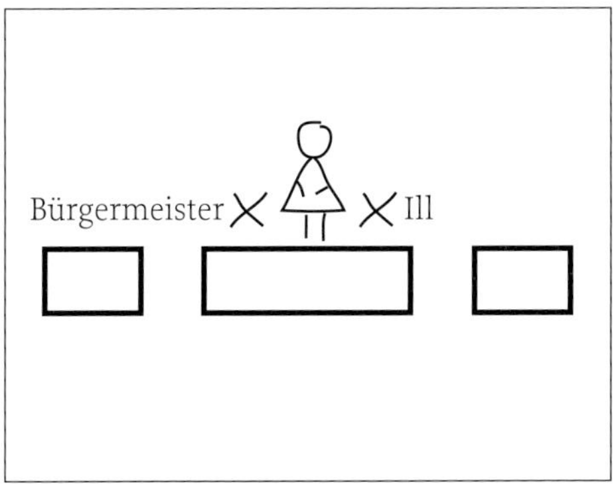

Ende der Szene:

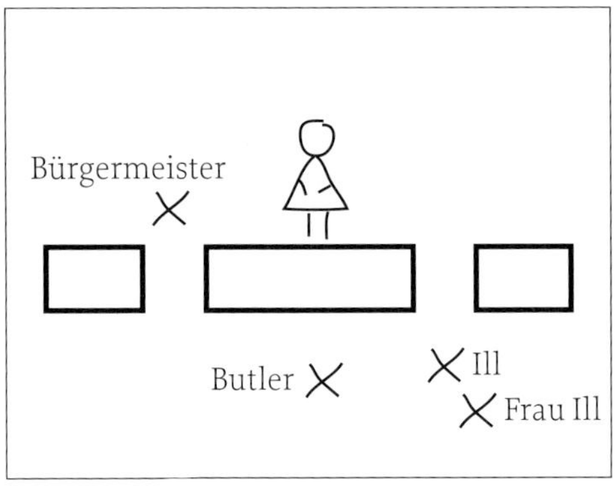

4
- [X] *Alfred Ill lässt seine schwangere Geliebte im Stich.*
- [X] *Er bestreitet die Vaterschaft.*
- [X] *Er benennt zwei falsche Zeugen.*
- [X] *Er spielt sein Tun als verjährte Jugendsünde herunter.*

Seite 85

5 *a)* ZACHAROFF

ONASSIS

GULBENKIAN

b) Der Name verdeutlicht die Weltläufigkeit der alten Dame. Der Name verdeutlicht den Reichtum der Dame.

6 *Verletztes liebendes Weib (Zeile 1/2) – signalisiert Verständnis*
Absolute Gerechtigkeit (Zeile 2) – unterstellt hohe Motive
Medea – antike Heldin (Zeile 4) – schmeichelt
Helfen Sie (Zeile 7) – spricht Mitgefühl an
Reine Menschlichkeit (Zeile 9) – appelliert an humanitäre Pflicht
Lassen Sie den Gedanken der Rache fallen (Zeile 5/6) – ermahnt zu sittlicher Größe

b) „... mit meiner Finanzkraft leistet man sich eine Weltordnung." (Zeile 11/12)

Seite 86

7 *a) + b)*

distanziert

mutig X

eingeschüchtert

wütend

c) Der Lehrer hat die Absicht, Claire durch Schmeichelei und einen Appell dazu zu bringen, den Güllenern das Geld zu geben, ohne gleichzeitig den Tod Ills zu fordern.

8 *a)*

	Sühne	***Strafe***
Welcher Begriff ist sachlicher?	☐	☒
Welcher Begriff nimmt die Perspektive eines sich seiner Tat bewussten Täters ein?	☒	☐
Welcher Begriff verdeutlicht, dass Sitte und Werteordnung wiederhergestellt werden müssen?	☒	☐
Vorausgesetzt, Alfred Ill hätte ein Unrechtsbewusstsein: Würde er seinen Tod als Sühne oder als Strafe bezeichnen?	☒	☐

b)
① *Durch Rechtsprechung einem Täter auferlegter Zwang zum Abbüßen einer Schuld. –* ***Strafe***
② *Versuch eines Täters, freiwillig die durch seine Schuld gestörte Ordnung wiederherzustellen. –* ***Sühne***
③ *Versuch eines Opfers, erlittenes Unrecht ohne gerichtliche Rechtsprechung am Täter zu vergelten. –* ***Rache***

c) Zu Claires Verhalten passt der Begriff Rache.

Seite 88

9 *a) Gesprächsanlass ist die bevorstehende Gemeindeversammlung, auf der die Güllener über Claires Angebot abstimmen sollen.*

c) Frage, ob Ill das Urteil der Gemeindeversammlung annehmen werde (Z. 17-18).
Frage, ob Ill über die Hintergründe schweigen werde (Z. 43-44).
Ills Reaktion: hält Bürgermeister hin (Z. 47-49).
Ill verspricht zu schweigen (Z. 53).
Die Aufforderung des Bürgermeisters an ihn, durch Selbstmord der Gemeinde seine Ermordung zu ersparen (Z. 67-69).
Ills Ablehnen dieses Ansinnens (Z. 81-87).

10

Absichten des Bürgermeisters	*Zeile*	*seine Vorgehensweise*
Sicherstellen, dass Ill den Schuldspruch annimmt und über die Hintergründe schweigt.	*Z. 17–52*	*Bitte um Verständnis Drohung*
Ill überreden, sich aus Rücksicht auf die Güllener selbst das Leben zu nehmen.	*Z. 56–71*	*Appell*
Die wahren Hintergründe gegenüber den Medien verschweigen und so Güllens Ruf wahren.	*Z. 32–46*	*Erpressung*
Will Milliarde, ohne Ill selbst zu töten.	*Z. 58–59*	*Versuch der Überredung*
Versuch, eine weiße Weste zu bewahren.	*Z. 28–29, 42–43*	*positive Selbstdarstellung*

Seite 89

11

Phase 1	*Zeile 1–15*	*Gewissensfrage an Ill*
Phase 2	*Zeile 16–22*	*Letzte Chance für die Gemeinde*
Phase 3	*Zeile 23–34*	*Die Abstimmung*
Phase 4	*Zeile 35–65*	*Das verlogene Gaubensbekenntnis*

Seite 90

12 *Theatersaal des Goldenen Apostels:* ***Bühne***
Weltöffentlichkeit an Radio und TV: ***Publikum***
Gesamte Güllener Bürgerschaft: ***Darsteller***
Aufblitzen der Blitzlichter: ***Beleuchtung***
Vorgefertigte Formulierungen des Bürgermeisters: ***Textbuch***
Abstimmung und Wiederholung für die Kameras: ***Probe und Aufführung***

13
a) Vorbeters
b) anonyme Masse
c) die Heuchelei
d) das Gefühl, das Richtige zu tun

14
a) Nein, denn es handelt sich zwar um eine Verschwörung, aber nicht für eine bessere, gerechtere Welt, sondern um den Güllenern zu Reichtum zu verhelfen. Ill ist nicht von Freude überwältigt, sondern hat sein Todesurteil erfahren.

b) gewaltige Verschwörung, regungslos

15
„aus Gewissensnot": aus Geldgier
„unsere heiligsten Güter": unser guter Ruf
„Wer reinen Herzens die Gerechtigkeit verwirklichen will": wer Ill für Geld zum Tode verurteilen will

Seite 92

1 *a) „Die Kratzers": Der Webergeselle Martin einigt sich mit dem alten Webermeister Kratzer nach einigem Feilschen auf einen Gesellenlohn von acht Kreuzern die Woche. Er, sein Freund David und Kratzer setzen sich in die Stube, um darauf anzustoßen.*

„Herren-Sorgen": Der Handelsherr Widemann informiert den Ratsherrn Gehring über einen Brief, in dem von den Abnehmern der Nördlingener Lodenweber Zweifel über die Echtheit der Siegel angemeldet werden. Gehring beschließt, einen Meister wegen Lodenfälschens exemplarisch zu bestrafen, um alle Seiten zu beschwichtigen.

2 *Die Geschichte spielt im Jahr 1613 in Nördlingen.*

Seite 93

3 *a)* ***Martin:*** *„wir kommen Euch entgegen", „Du frisst was weg, so wie du aussiehst", „nicht gleich gefragt, ob er fleißig zum Beten und zur Predigt ginge"*

Kratzer: *„der Alte", „Mehr als acht Kreuzer konnte Kratzer nicht zahlen", „das muss gefeiert werden", „Schwungvoll", „Über sechzig", „gesund wie ein Hirsch", „Alle Zähne hat er noch. Bis auf einen, den hat er bei einer Schlägerei verloren", „beißen kann"*

David: *„Aus den anderen ... acht rausgeholt, Martin"*

Widemann: *„Ihr spielt um Gewinn, um höchstmöglichen Verdienst"*

Gehring: *„nicht ... einfältig", „weiß ganz gut, was gespielt wird", „Kalt und leidenschaftslos"*

b)

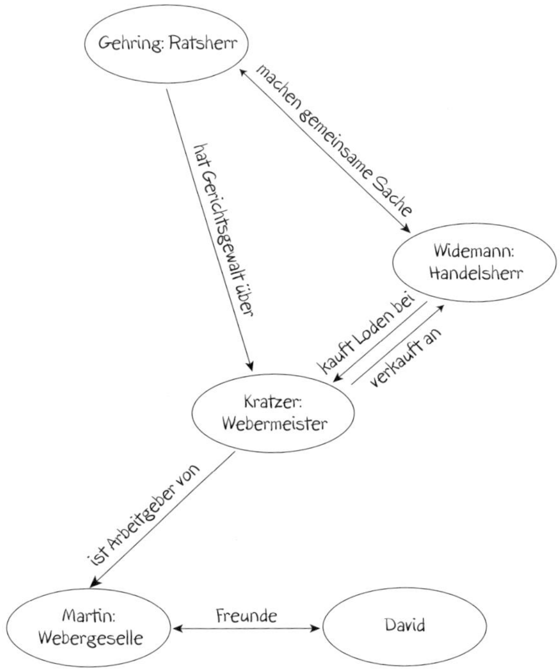

c) Kratzer ist die zentrale Figur. Martin ist ihm unterstellt, er kommt nicht in Kontakt mit Gehring und Widemann, die ihrerseits Kratzer in der Hand haben.

4

Erzähler	**„Die Kratzers"**	**Zeile**	**„Herren-Sorgen"**	**Zeile**
Erzählform	personal	27–36, 44	neutral	15, 16, 50, 53/54, 59
Erzähl-perspektive	Außen-perspektive	8, 27–36	Außen-perspektive	s.o.

5 ***„Die Kratzers"***: *Der Erzähler steht auf der Seite Martins, da der Leser erfährt, was Martin denkt (Z. 8–20). Die Sympathien des Erzählers liegen bei Martin und Meister Kratzer. Er charakterisiert Martin als verhandlungsbereit (Z. 2/3). Obwohl Martin einen Lohn von acht Kreuzern als „jämmerlich" empfindet (Z. 11/12), gibt er sich damit zufrieden, weil Kratzer ihm gefällt (Z. 17/18) und weil er weiß, dass sich Kratzer mehr nicht leisten kann (Z. 14/15). Der Erzähler stellt auch Meister Kratzer als sympathischen Menschen dar. Er ist zwar ein wenig grob (Z. 4–7), aber ehrlich und hat Humor (Z. 24/25).*

„Herren-Sorgen": *Die Einstellung des Erzählers zu dem Geschehen dieses Auszugs wird darin deutlich, dass er Gehring negativ zeichnet. Gehring durchschaut Widemann (Z. 17/19) und nutzt seine Machtposition aus, um den Handelsherren größeren Profit zu verschaffen, obwohl dies gegen die Zunftregeln verstößt (Z. 36–39). Er bezeichnet die ganze Sache leichthin als „Spiel" (Z. 33, 46). Um die Handelsherren aus Bozen zu beschwichtigen und zu vertuschen, dass der Rat das Siegelfälschen duldet, beschließt er, dafür zu sorgen, dass ein Webermeister festgenommen und wegen Fälscherei hart bestraft wird. Dies bezeichnet der Erzähler als „kalt und leidenschaftslos" (Z. 59). Gehring will Widemanns Gewinninteressen kaltblütig einen Menschen opfern.*

6 *a) Damit sich der Leser besonders gut in Martin hineinversetzen kann, könntest du die Geschichte entweder ganz in Innensicht oder in der Ich-Form erzählen. Martin könnte die anderen Personen und die Umgebung (das Haus des Meisters) aus seiner Sicht beschreiben und bewerten.*

Seite 94

7 ***„Die Kratzers"***: *Z. 1–26: erfolgreiche Lohnverhandlungen zwischen Martin und Meister Kratzer*
Z. 27–46: Martin und David bewerten Kratzer und das Ergebnis

„Herren-Sorgen": *Z. 1–16: ein Brief aus Bozen als Warnung*
Z. 17–49: Gehring wägt die Lösungsmöglichkeiten ab
Z. 50–61: Gehrings Beschluss

8 *Widemann liest Gehring Brief aus Bozen vor → Gehring wägt Lösungsmöglichkeiten ab → Gehring fragt nach → Widemann zitiert → Gehring verkündet seinen Beschluss → der Rat wird einen Meister festnehmen und bestrafen*

Seite 95

9 *Martin kommt sowohl in direkter Rede als auch in erlebter Rede zu Wort. Diese Darstellungsweise bewirkt, dass Martin als Hauptfigur erscheint und der Leser die Welt des Textes teilweise durch seine Augen wahrnimmt. Der Leser identifiziert sich mit Martin.*

10 *b)*

	Meister Kratzer	**Ratsherr Gehring**
Stilebene	ungebildeter, einfacher Stil	gebildet, analytisch, präzise
Wortwahl	Umgangssprache	gewählt, abwechslungsreich, viele Adjektive
Satzbau	einfacher Satzbau, unvollständige Sätze (Ellipsen), fehlende Konjunktionen, unzusammenhängende Satzreihen	kurze Sätze und Ellipsen im Wechsel mit langen Sätzen, Sätze bauen aufeinander auf, viele Konjunktionen, zusammenhängende Satzreihen, viele rhetorische Fragen

c) Meister Kratzer ist geradeheraus, ein einfacher Mensch, der sagt, was er denkt, und Humor hat.

Ratsherr Gehring ist schlau, gebildet und kaltblütig. Er analysiert eine Situation mit Logik, kann seine Gedankengänge nachvollziehbar formulieren und fällt dann schnelle Entscheidungen. Er ist mitleidlos und nutzt seine Macht aus.

13 *Gehring sagte, der Rat werde zeigen, dass er durchgreife, damit die Ordnung wiederhergestellt werde und die Handelsherren draußen beruhigt seien. Er werde dafür sorgen, dass der Rat einen Meister festsetzen und wegen Lodenfälschens bestrafen werde. Außerdem werde er auch dafür sorgen, dass die Strafe exemplarisch sein werde. Er nähme an, das sei in Herrn Widemanns Sinne.*

P9610684